coachingeffect

Veränderungen einfach machen.

Heiko Schwardtmann

Ein paar Worte vorab...

In diesem Buch geht es um persönliche Veränderung, um Wahrnehmung und um Werte. Es geht darum wie Sie persönliche Limitierungen besser einschätzen und sogar beseitigen können. Es geht um viele, viele kleinen Prinzipien, die Ihnen im Alltag das Leben sehr angenehm machen können oder auch wie einen Albtraum erscheinen lassen.

Alle Inhalte in diesem Buch gehen auf wirkliche Menschen, wirkliche Techniken und wirklich Erfahrungen zurück. Sie funktionieren.

Da ich nicht kontrollieren kann wie Sie was, wo, wann und mit wem tun übernehme ich absolut keine Verantwortung für die Handlungen, die Sie ausführen. Weder bevor Sie dieses Buch gelesen haben, noch danach.

Sie haben die Kontrolle, es liegt in Ihrer Hand.

Ich möchte Sie dabei gern unterstützen und mit ein paar Prozessen, die ich im Laufe der Zeit kennengelernt habe helfen die von Ihnen gewünschte Veränderung so einfach wie möglich zu gestalten.

Mein Dank geht an all die Menschen, die mich über die Jahre inspiriert, beeinflusst, überzeugt und beeindruckt haben. Klienten, Freunde, Familie, Geschäftspartner, Kunden, Auftraggeber und Kollegen. Menschen mit denen ich gesprochen, von denen ich gelesen und die ich live beobachten durfte.

Aus all diesen gesammelten Erfahrungen ist dieses Buch entstanden.

Ich wünsche Ihnen viel Spaß beim Lesen und viel Erfolg bei der Umsetzung der Inhalte.

Inhaltsverzeichnis

„Wenn dir die Dinge nicht gefallen wie sie sind, ändere sie.
Du bist kein Baum!“
Jim Rohn

"*Warum sollte ich mich überhaupt für Veränderungen interessieren?*"

Der Magier sah den jungen Lehrling an: "*Was ist Magie?*"

"*Die Kunst der (un)bewussten Veränderung.*"

"*Und was ist die Rolle des Magiers?*"

"*Seine Rolle ist es Menschen zu unterstützen und zu assistieren gute und bedeutende Veränderungen in ihrem Leben zu vollziehen.*"

"*Und wie wird das erreicht…?*"

Der junge Lehrling musste eine Weile überlegen, bevor er mit leuchtenden Augen den Mund öffnete…

Wach auf!

Jeder hat ein Interesse daran Dinge zu verändern. Dies liegt in der Natur des Menschen. Wie jeder lebende Organismus sind wir alle auf Wachstum und Weiterentwicklung ausgerichtet. Alles andere wäre unlogisch und mitunter fatal. Denn wenn ein Organismus nicht wächst, blüht, sich reproduziert o.ä. so hat er damit aufgehört und die Degeneration hat begonnen. Der erste Schritt zum Tod des Organismus.

Dies kann auf einer körperlichen, aber auch auf einer mentalen, emotionalen oder sogar seelischen Ebene geschehen.

In diesem Buch / Programm ist der Inhalt des zu veränderten Bereiches komplett in Ihrer Hand. Meist geht es uns um Verbesserungen in einem der drei großen Bereiche **Gesundheit**, **Geld/Karriere** oder **Beziehungen**.

Gesundheit:
Hier kommt auch der Bereich „Fitness" mit hinein. Alles was mit dem eigenen Körper zu tun hat, gehört in diesen Bereich: Krankheit, Regeneration, Körperliche Konstitution, Kondition usw.

Geld / Karriere:
Meist sind diese beiden miteinander verknüpft, da das eine getan wird, um das andere zu bekommen. Hierzu gehört auch Vermögen, Job, Beförderung, Performance bei der Arbeit, Investitionen usw.

Beziehungen:
Natürlich gehört hier einerseits Ihre Beziehung zum Partner (falls vorhanden) hinein. Aber auch Beziehungen zu anderen Menschen auf persönlicher (Familie, Freunde, Bekannte) UND beruflicher (Geschäftspartner, Angestellte, Chefs, Kunden) Ebene. Im Grunde gehört alles was andere Menschen betrifft in diesen Bereich.

Natürlich möchten Sie Dinge neu hinzugewinnen, klar. Es geht hier jedoch auch darum Dinge zu reduzieren und zu mindern wie z.B. Frust, negative Emotionen oder Erfahrungen, nervige Angewohnheiten oder auch die Zeit, die Sie benötigen bestimmte Veränderungen zu realisieren.

Insgesamt jedoch geht es immer um das Gesamtbild an Erfüllung und darum das persönliche Glück zu steigern.

Es liegt in unserer Natur Dinge immer schneller, besser, höher, weiter und dabei einfacher zu machen.

Kennen Sie Roger Bannister?
Roger Bannister war der erste Mensch, dem es gelang eine Meile in unter 4 Minuten zu laufen (am 06. Mai 1954 in 3:59,4). Zu der damaligen Zeit wurde dies als menschlich nicht möglich angesehen – bis Bannister kam. Innerhalb der darauffolgenden zwei Jahre wurde dieser Rekord über weitere 60 Male geschafft. Heutzutage laufen Studenten und zum Teil Schüler diese Zeit.

Wenn man früher reisen wollte, so musste man Strapazen und eine Menge Zeit mitbringen. Was früher per Schiff mehrere Tage dauerte wird heute per Flugzeug in wenigen Stunden bewältigt – bei größerem Komfort und vergleichsweise günstigeren Preisen.

Wollte man eine Nachricht versenden so musste die Post das erledigen was wir heute mit Emails innerhalb von Sekunden schaffen.

Diese und weitere Beispiele zeigen, dass es in der Natur der Sache liegt Dinge immer schneller, besser und zugleich einfacher zu machen als zuvor.

Im Bereich der Persönlichkeitsentwicklung (privat UND beruflich) ist dies genauso. Um Menschen vor einer Phobie zu befreien (eine Phobie ist eine irrational große Angst vor einer bestimmten Sache), wurden zu einer bestimmten Zeit mit Hilfe von Psychoanalyse bis zu sieben Jahren veranschlagt. Und nicht einmal dann war sie zum Teil vollständig gelöst. Häufig gab es lediglich eine Milderung der Symptome.

In den 1960ern und 1970ern wurde dann u.a. NLP entwickelt und damit die Möglichkeit dieselben Zustände innerhalb von Tagen oder auch Stunden zu verändern. Klar gibt es zahlreiche Kritiker des Neuro-Linguistischen-Programmierens. Fakt ist, dass es heute überall auf der Welt gelehrt, praktiziert und mit Erfolg auch selbst angewendet wird. Mehr ist dazu nicht zu sagen.

Heute gibt es nochmals weiterentwickelte Methoden, bei welchen das Unterbewusstsein ganz gezielt so re-strukturiert wird (selbstgesteuert!), dass innerhalb von Minuten bestimmte Veränderungen möglich sein können.

Der Gedanke, der zählt ist folgender: Wenn Menschen in der Lage sind mittels bestimmter Methoden und Techniken irrationale Angstzustände zu verändern, was bedeutet das für Sie und die Veränderungen, die Sie machen möchten?

Welche Möglichkeiten wollen Sie kennen (und anwenden), um Verantwortung für bestimmte Schwierigkeiten übernehmen zu können? Nicht weil Sie müssen, sondern weil Sie wissen, dass Sie sie lösen können!

Wenn wir also von Veränderungen sprechen dann sind damit natürlich positive Veränderungen gemeint – Verbesserungen! Und diesbezüglich dann persönliches Wachstum. Wachstum von persönlichem Glück, Selbstbewusstsein, Finanzen, Beziehungen, Gesundheit usw.

…und er entgegnete :

"*Durch die Entwicklung eines besseren Bewusstseins, der Erkenntnis, dass alle Dinge eine gewisse Struktur haben und das Veränderung immer möglich ist.*

Es gibt mehr als nur eine Perspektive und die Essenz wirklich Veränderung liegt in Kreativität und die Anzahl der eigenen Möglichkeiten zu erhöhen."

"*Was ist die Verantwortung des Magiers?*"

"*Die Verantwortung des Magiers liegt darin, seine Kräfte weise, ethisch und mit Bescheidenheit einzusetzen.*"

Der Magier grinste und stellte die wichtige Frage: "*Was sind die 5 Schlüsselelemente?*"

Warum ist es jetzt und mit diesem Programm möglich so schnell Veränderungen auf mentaler und emotionaler Ebene zu erzielen?

Sir Issac Newton hat einmal gesagt: *„Der Grund warum ich soweit sehen kann, ist weil ich auf den großen Schultern derer stehe die vor mir kamen."*

Technologien werden ständig weiterentwickelt und heute gibt es fantastische und sehr effektive Möglichkeiten direkt mit dem Unterbewusstsein zu arbeiten. Da, wo wirkliche, reale Veränderungen stattfinden. Man kann so schnell wie nie zuvor Veränderungen in Verhalten, Denken und Wahrnehmung erfahren – wenn man die Verantwortung dafür übernimmt!

Es gibt und gab zahlreiche Ikonen in der Geschichte der persönlichen Weiterentwicklung. Angefangen von Freud und Jung über Napoleon Hill Ende des 19. und Anfang des 20. Jahrhunderts über Dale Carnegie in den 1950ern, Bandler, Satir, Erickson und Perls in den 1970ern bis hin zu Tony Robbins in den 1980ern (bis heute) haben sich die Wissenschaften noch weiter entwickelt. Die ganzen Nachahmer und Möchtegerns sind da noch nicht einmal mit einkalkuliert.

Es ist tatsächlich eine aufregende Zeit und wir haben heutzutage Möglichkeiten mit den Wirkungsweisen unseres Gehirns, unserer Emotionen und der Schnittstelle zwischen Bewusstsein und Unterbewusstsein nahezu jede Veränderung im persönlichen Wachstumsprozess zu vollziehen!

Recherche ist heutzutage leicht und mit ein paar Klicks durch das Netz findet jeder schnell Beispiele für Erfolgsgeschichten auf der ganzen Welt, die mit den unterschiedlichsten Methoden bewältigt wurden. Dabei geht es nicht darum welche Methode es nun war. Hier geht es erst einmal darum, DASS es möglich ist. Ob mit Hilfe der Schulmedizin, Naturheilverfahren, Schematismus oder sonst etwas.

„Damit die Dinge sich ändern, müssen wir uns ändern!" - *Henry David Thoreau*

Wichtig für die erfolgreiche Anwendung dieses Programms:

Sie wählen einen Bereich aus Ihrem Leben, den Sie gern verändern möchten. Hier werden Sie diesen Teil so herunterzubrechen lernen, dass die bewussten und unbewussten Hürden, die es zu überwinden gilt, erkennbar werden. Anhand entsprechender vorher erwähnter Methoden lassen sich diese dann überwältigen, lösen und/oder ersetzen, um so den persönlichen Erfolg zu sichern.

Richtig angewendet kann es zum persönlichen Durchbruch führen!
Vorher noch ein paar wichtige Dinge:

1.
Es ist Ihre Verantwortung und Ihre Verpflichtung! Die meisten Menschen, die sich ein Programm (ähnlich diesem) oder ein Buch kaufen, verwenden es niemals. Dann gibt es solche, die es zwar lesen bzw. hören oder sehen, jedoch die darin beschriebenen Methoden, Übungen und Aufgaben niemals anwenden…

Dieses Programm ist wie eine Art Kühlschrank oder Bankkonto!
Sie können nur herausholen was Sie zuvor hineingestellt haben
– oder in diesem Fall: Was Sie hineinstecken.

2.
Immer wieder treffe ich Menschen (ich bin mir sicher Ihnen geht es genauso…), die mit einer „mal sehen…"-Einstellung an die Dinge herangehen. Diese Einstellung produziert genau eines: Mal-Sehen-Ergebnisse!

Im Leben bekommen wir das worauf wir kontinuierlich unseren Fokus richten. Veränderungen geschehen nur durch die Verpflichtung sich auch ändern zu wollen! Ich bin der Meinung, dass nur eine 100%-Einstellung auch die Chance auf ein 100%-Ergebnis hat.

Vielleicht fragen Sie sich Folgendes: Ich habe es schon zuvor versucht (Bücher, Programme, Seminare etc.) oder ich kenne andere, die es versucht haben, warum sollte genau DAS hier funktionieren?

Dazu eines:
JEDER, der eine Veränderung im eigenen Leben durchführen möchte, muss zunächst die Verantwortung übernehmen: Verantwortung für die eigenen Resultate, die eigenen Veränderungen und letztlich das eigene Leben!

Kein noch so gutes Buch, Programm o.ä. wird Ihr Leben verändern – nur Sie selbst können das tun!

Die Methoden, Ansätze, Übungen und Interventionen in diesem Programm sind individuell und unabhängig voneinander zusammengetragen, entworfen und konzipiert worden. Sie haben bereits Tausenden von Menschen weltweit geholfen fantastische Veränderungen in ihrem Leben durchzuführen – wieder und wieder und mit Erfolg!

Was so „Böses" in meinen Seminaren und Workshops passiert...

In Seminaren oder Workshops erlebe ich es ab und zu, dass bei der Vorstellung einer bestimmten Methode für x oder y, Menschen geradezu besessen davon zu sein scheinen, mir zu beweisen, dass es nicht funktionieren kann was ich Ihnen versuche zu zeigen.

Die Frage warum sie das tun... ich weiß es nicht. Was ich aber denke: Was für eine Zeit- und Energieverschwendung! ICH hätte diese Zeit anders genutzt, aber es gibt eben solche und solche.

Natürlich ist nicht alles für jeden gleichermaßen einfach, angenehm, wirkungsvoll usw. Egal worum es geht: In den seltensten Fällen liegt es an den Methoden. Häufig bis meistens ist es die innere Einstellung dazu.

Spielen Sie mit 100%! Ok, wie wäre es mit folgendem Gedankenspiel: Wenn Sie wüssten, wirklich **wüssten**, dass dieses Programm eine wirkliche, reale Veränderung in Ihrem Leben bewirken kann... würden Sie 100% geben, von Beginn an?

Der Grund warum dies so wichtig ist, ist einfach: Es gibt in diesem Programm Übungen und Aufgaben. Diese sind nicht als Zeitvertreib gedacht o.ä. Sie haben **ALLE** einen ganz bestimmten Zweck und bauen aufeinander auf.

Es gibt in unserem Leben zwei verschiedene Ebenen: Intellekt und Erfahrung. Jeder von uns hat und macht ständig Erfahrungen und verwendet seinen Intellekt, um diese einzuordnen, zu beurteilen usw. Und natürlich können wir all das, was uns widerfährt bis zum Ende aller Tage intellektualisieren... oder wir packen sie tatsächlich an!

„Es gibt einen Unterschied zwischen ´den Weg kennen´ und ´den Weg gehen´."
Morpheus zu Neo in „Matrix"

Es wird Übungen und Aufgaben geben, die nur dann wirksam sind wenn sie tatsächlich ausgeführt werden. Und zwar alle! Alle zu 100% und detailliert. Ein Möbelstück wird auch bis zu Ende gebaut und nicht bis zur Hälfte. Wenn Sie in den Urlaub fahren, fahren Sie auch bis zum Zielort und hören nicht vorher auf, nur weil es einen Stau gibt oder es auf dem Flughafen gerade voll ist. Ohne Hürden kein Ziel, ohne Anstrengung keinen Erfolg!

Ein weiser Mensch sagte einmal (leider ist mir nicht bekannt wer dies genau gewesen ist), dass es wichtig und richtig ist mit dem Ziel im Kopf zu beginnen. Das bedeutet, dass man von vorneherein weiß wohin man möchte. Danach ergründet man dann wo man sich gegenwärtig befindet. Wenn Sie von A nach B möchten, ist es nicht nur wichtig zu wissen wo A ist, sondern auch wo in Relation dazu B sich befindet.

Schreiben Sie zunächst auf welches Ziel Sie erreichen wollen. Häufig ist es so, dass nicht wenige Menschen am liebsten alle möglichen Situationen auf einmal machen möchten. Nun, Sie können dieses Programm natürlich gern mehrmals durchlaufen, jedoch am besten immer nur mit einem Ziel zu einem bestimmten Zeitpunkt.

Und natürlich sind viele Bereiche des Lebens miteinander verknüpft. Manche der größten Karrieresprünge entstehen beispielsweise durch signifikante Veränderungen auf einer gesundheitlichen Ebene.

Lassen Sie uns loslegen. Dazu gleich ein klein wenig wichtigen Hintergrund.

Sie haben in Ihrem Körper 10 hoch 10 hoch 11 neurologische Verbindungen (Neuronen sind Nervenzellen). Das ist eine unglaublich hohe Zahl und wahrscheinlich für unser Ermessen schon gar nicht mehr vorstellbar. Jede Handlung, jeder Denkprozess oder jede Emotion sind das Ergebnis einer bestimmten Kette von neurologischen Reaktionen, bei denen elektrische Impulse über Verbindungsstellen zwischen Nervenzellen (Synapsen) gefeuert werden.

Gewohnheiten sind also auch nichts weiter als aktivierte neurologische Netzwerke. Dazu ein praktisches Beispiel zum besseren Verständnis. Wenn Sie Ihre Arme in die Luft strecken und anschließend vor dem Körper verschränken... und sie dann wieder in die Luft strecken... und wieder vor dem Körper verschränken... haben Sie sie anders herum verschränkt oder wieder gleich...?

Sofern Sie dieses kleine Spiel nicht kannten ist die Wahrscheinlichkeit hoch, dass Sie die Arme in der gleichen Weise verschränkt haben. Es ist eine Gewohnheit.

Unsere Gewohnheiten, also das was wir fortlaufend tun, bestimmen letztlich wohin wir im Leben gehen. Sie bestimmen unsere Ergebnisse und unser Schicksal.

Aber wie lange braucht man, um eine Gewohnheit zu verändern? Über dieses Thema wurde und wird viel geschrieben. Und die Meinungen gehen dabei auseinander. Die besten / schnellsten Zahlen, die man häufig hört, sind 30 Tage, 21 Tage oder auch 7 Tage. Letztlich hängt es von einem selbst ab. Das gilt auch für die größten Gewohnheiten.

Mal angenommen, Sie fahren jeden Tag denselben Weg zur Arbeit und das seit 20 Jahren. Wenn Ihnen jetzt jemand eine Abkürzung zeigte und Sie statt 45 Minuten nur noch 25 Minuten benötigen würden, wie lange bräuchten Sie, um dieses Verhalten zu verändern? Sie hätten die Möglichkeit es sofort zu tun und Sie würden wahrscheinlich auch nicht lange zögern es durchzuziehen.

Der kleine Lehrling überlegte für einen Moment, bevor er dann antwortete:
"Ein Magier muss systematisch denken können. Er muss die Verbindung zwischen Dingen erkennen können, die nicht sofort offensichtlich sind.

Um dies zu erreichen, muss der Magier Informationen stets im Großen und Ganzen betrachten, nie allein für sich."

"Sehr gut. Das ist das erste Schlüsselelement. Wie lautet ein weiteres?"

"Ein Magier muss sich im Klaren darüber sein, dass Wissen niemals vervollständigt werden kann. Egal auf welchem Gebiet, es gibt stets mehr zu entdecken und zu wissen weil es immer mehr als nur eine Möglichkeit gibt ein bestimmtes Ziel zu erreichen."

Der Magier schaute zufrieden zu seinem Lehrling und war glücklich, dass er die ersten Lektionen zu verinnerlicht haben schien.

Er hatte Vertrauen, dass der Lehrling auch die nächsten 3 Schlüsselelemente bereits kannte...

Der junge Lehrling gab voller Tatendrang die nächste Antwort:
"Der dritte Schlüssel ist, dass ein Magier sein Wissen teilt, um andere zu unterstützen und ihnen dieselben Möglichkeiten einzuräumen ihre Kräfte wirkungsvoll zu nutzen."

"*Sehr gut.*", entgegnete der Magier. "*...zwei fehlen noch...*"

„Nicht das Wissen ist die Hauptsache, sondern die Anwendung!" Aus dem Talmud

Es gibt verschiedene Methoden mit Veränderungen auf neurologischer Ebene auseinanderzusetzen. Letztlich dreht es sich um eine - neurologische Restrukturierung. Das bedeutet, dass die aktivierten Nervenimpulse auf eine neue, restrukturierte Weise feuern, z.B. in einer neuen Sequenz. Das wiederum bedeutet eine Änderung im Verhalten, Denken, Fühlen.

Eine Möglichkeit für diesen Prozess wäre die Arbeit mit und in Trance. Hypnose hilft neue neurologische Pfade zu entdecken und die eigene Vorstellungskraft anders zu nutzen. Dies ist natürlich nur eine Methode. Letztlich läuft alles auf die Neu- und Re-Strukturierung der neurologischen Impulse hinaus.

Man könnte auch von Re-Konditionierung sprechen. Wir alle sind seit frühester Kindheit auf eine bestimmte Art und Weise konditioniert. Der amerikanische Soziologie Dr. Morris Massey hat dies in drei verschiedene Perioden unterteilt.

Veränderung des Verhaltens resultiert aus einer Veränderung der neurologischen Struktur!

Periode 1 – 0-7 Jahre – *„Imprint Period"*:

In dieser Periode ist unser Unterbewusstsein wie ein Schwamm. Als kleine Kinder saugen wir alles um uns herum auf. Wir haben noch so gut wie keine Erfahrung und können wenig beurteilen. Die Eindrücke und Wahrnehmungen sind hier sehr groß und wirken z.T. wie Stempel.

Alle Eindrücke werden (wie später natürlich auch) über die fünf Sinne auf- und wahrgenommen.

Kleininder haben keine *kritische Fakultät* mit der sie Informationen kritisch hinterfragen können. Sie glauben nahezu alles und sind sehr beeinflussbar. Die Eltern haben hier eine besonders große Bedeutung und üben wohl auch den größten Einfluss aus.

Sie können sich z.B. in Bezug auf einen bestimmten Lebensbereich fragen welche Werte, Eindrücke und Erfahrungen Ihnen von Ihren Eltern und/oder Ihrem Umfeld vermittelt wurden. Welche Faktoren dabei genau eine Rolle spielen folgt in Kürze.

Periode 2 – 7-14 Jahre – *„Modeling Period"*:

Im kindlichen bis jugendlichen Alter folgt diese Periode, in der wir beginnen uns Vorbilder, Idole und ähnliches zu suchen. Häufig sind dies ebenfalls die Eltern, jedoch kann es hierfür verschiedene Quellen geben.

Comic-Helden (Superman, Spiderman, Luke Skywalker etc.), Nachbarn, Bekannte, Familienmitglieder, Freunde usw. Es gibt zahlreiche Quellen für mögliche Vorbilder, deren herausragende Eigenschaften uns ansprechen und die wir ebenfalls gerne hätten.

Wir versuchen so zu sein wie unsere Vorbilder (das ändert sich meist auch nicht) und in dieser Zeit werden Vorbilder zum ersten Mal entscheidend geprägt und von uns als solche auserkoren.

„Jesus gab mir die Nachricht, Gandhi die Methode." *Martin Luther King Jr.*

Periode 3 – 14-21 Jahre – *„Socialisation Period"*:

Im späten Teenager- und jungen Erwachsenenalter orientieren wir uns zunehmend an der Gesellschaft um uns herum. Wir suchen uns Gruppen denen wir uns zugehörig fühlen können und bahnen uns unseren Weg in die Gesellschaft.

Als Gruppe kann hier alles mögliche gedacht sein. Die Nachbarschaftsclique, Freunde in der Schule, ein Sportverein, eine Kirchengruppe usw.

Aufgrund unserer bis dahin erfolgten Prägung haben wir bereits bestimmte Vorlieben und Interessen und beginnen nun dies gesellschaftlich umzusetzen.

JEDER sieht ALLES ANDERS!

Jeder von uns sieht alle Dinge aufgrund der beschriebenen Entwicklung und Konditionierung individuell anders. Gingen Sie beispielsweise mit Boris Becker zu einem Tennisturnier, so würde er sicherlich andere Dinge sehen und wahrnehmen als Sie oder ich.

Wichtig ist jedoch zu verstehen, dass dies nicht bedeutet, dass die Dinge deshalb nicht für jeden sichtbar wären. Jeder von uns hat die grundsätzliche Möglichkeit alles so zu sehen wie ein entsprechender Experte.
Wir alle haben ca. 10x mehr neurologische Verbindungen, als wir benötigen. Und Einstein sagte bereits, dass wir eingeschränkt seien durch die Grenzen unseres Denkens.

Kennen Sie den Film *„Ferien zu Dritt"* (*„The Great Outdoors"*)? In diesem Film schauen die Darsteller John Candy und Dan Aykroyd auf ein großes Stück Land und einer der beiden beginnt zu schwärmen über die Natur, das Wetter, die Schönheit von Mutter Erde usw. Daraufhin entgegnet der andere, dass er nichts weiter sehe als Raum für Entwicklung und Industrialisierung.

So ist es ungelogen möglich, dass zwei oder mehr Menschen auf dasselbe schauen, etwas Unterschiedliches sehen und doch beide nicht Unrecht haben.

Man geht in der Persönlichkeitsentwicklung davon aus, dass ein Bewusstsein, welches einmal durch Wachstum einen bestimmten Standard erreicht hat, nicht mehr ohne Weiteres zum alten Standard zurückkehren kann. So gesehen geht die Entwicklung immer weiter und niemals zurück (auf einer Bewusstseinsebene).

Die Dinge liegen im wahrsten Sinne des Wortes im Auge des Betrachters.

Bewusstsein und Un(ter)bewusstsein

Unser Unterbewusstsein ist tatsächlich so etwas wie unser „Körpergehirn". Es atmet, schlägt, verdaut, reproduziert usw.

Einige der Hauptfunktionen unseres Unterbewusstseins sind:

Die Erhaltung unseres Körpers
Die Speicherung und Organisation von Erinnerungen
Hauptsitz unserer Emotionen
Unterdrückung und Zurückhaltung (meist negativer) Emotionen
Wiederaufbereitung von Erinnerungen (bewusste Wahrnehmung)
Lernen und Befolgen von Suggestionen
Lernen von Inhalten, Themen und Informationen von Bedeutung

Das Verhältnis von Bewusstsein zu Unterbewusstsein liegt (je nach Studie und wissenschaftlicher Erkenntnis) bei ca. 5:95%. In manchen Ergebnissen ist der Unterschied geringer, in anderen noch größer.
Die Beziehung zwischen Bewusstsein und Unterbewusstsein kann verglichen werden mit dem Kapitän (Bew.) und seiner Mannschaft (Unterbew.) auf einem Schiff.

Der Kapitän gibt die Befehle, die Mannschaft jedoch steuert das Schiff. Kommt es nun zu einem Konflikt zwischen diesen beiden Teilen, dann kann dies in Meuterei enden.

Wenn wir innere Konflikte haben, so ist dies wie eine Meuterei. Man fühlt sich nicht mehr wohl, man spürt eine innere Anspannung oder sogar Zerrissenheit. Die Beziehung beider Bewusstseinsebenen ist verloren gegangen.

Dr. Milton Erickson war einer der besten Therapeuten, wenn es um das Verändern von Denk- und Verhaltensweisen ging. Er war ein amerikanischer Psychiater, der Hypnosetherapie fast allein als gebräuchliche therapeutische Anwendung bei der amerikanischen Ärztekammer durchsetzte. Bis zu seinem Tod schaffte er es wieder und wieder die erstaunlichsten Ergebnisse zu erzielen bei Menschen, die entweder selbst fast keine Hoffnung mehr hatten oder an denen sich andere Therapeuten die Zähne ausbissen.

Erickson sah seine Aufgabe in erster Linie darin die Übereinstimmung zwischen den beiden Bewusstseinsebenen seiner Patienten wieder herzustellen, die in seinen Augen auseinandergedriftet waren.

Ein Beispiel dafür:

Sie kennen diese Diskrepanz zwischen den beiden Bewusstseinsebenen. An Neujahr wird es bei besonders vielen Menschen offensichtlich… die guten Vorsätze.

Als Beispiel nimmt man sich vor, dass man dieses Jahr endlich regelmäßig morgens zum Sport geht, noch vor der Arbeit. Was passiert häufig nach ca. 2 Wochen? Der Wecker klingelt… und schlummern. Dann klingelt er wieder und es wird weiter geschlummert. Als nächstes überzeugt man sich davon, dass Entspannung ja ebenfalls dazu gehört usw.

In diesem Fall möchte man vielleicht bewusst diese Veränderung durchführen, unterbewusst jedoch nicht. Unterbewusst möchten Menschen dann doch lieber schlafen, „später" gehen oder doch lieber etwas ganz anderes tun.
Die Veränderung wird nur bewusst gewollt und nicht wirklich auf einer unterbewussten Stufe, also vom Inneren heraus.

Genau dieses Missverhältnis hält uns davon ab das zu erreichen was wir tatsächlich erreichen könnten und womöglich auch wollen.

Und die Veränderung an sich dauert nicht lange, es ist die Vorbereitung auf die Veränderung, die die meiste Zeit beansprucht. Das ist die Zeit, in der eine Idee zustande kommt und langsam reift, in der man für und wider gegeneinander abwägt und sich vielleicht Gedanken über mögliche Konsequenzen (positiv wie negativ) macht. Wenn man sich dann aber tatsächlich für die Veränderung entschieden hat ist es leicht die Schritte auch tatsächlich einzuleiten und durchzuführen.

Nehmen wir das Beispiel mit dem Rauchen aufzuhören. Es wird überlegt und gehadert (*„Eigentlich ist es doch gar nicht so viel." „Alle meine Freunde rauchen." „Es hilft mir zu entspannen..." und so weiter und so weiter.)*. Dann „berät" man sich mit Freunden, sucht nach geeigneter Literatur und überlegt ob es das wirklich wert ist. Es gehörte ja schon so lange dazu. Und überhaupt: Andere haben ja auch eine Menge Laster. Und es wird weiter überlegt. Und so geht das Spiel weiter und weiter... bis irgendwann die Erkenntnis kommt. Ich schade mir und höre jetzt auf damit. Und es werden sofort Schritte eingeleitet.

Diese Vorbereitung dauert so lange weil die Verbindung zum Unterbewusstsein, zu unseren Emotionen, unseren Werten oder auch unseren Zielen nicht immer so ist, wie sie vielleicht sein sollte.

Der Schlüssel liegt also in der Arbeit mit dem Unterbewusstsein. Doch wie arbeitet man damit? Es gibt verschiedene Methoden. Milton Erickson verwendete Geschichten. Er war ein hervorragender Geschichtenerzähler.

Bei den letzten zwei Schlüsselelementen musste der junge Lehrling etwas länger nachdenken.

Unter dem prüfenden Blick des Magiers jedoch, fiel ihm der vierte wichtige Punkt wieder ein:

"Ein wirklicher Magier berücksichtigt stets vier große "R"´s.

Respekt vor sich selbst.
Respekt vor anderen.
Respekt vor der Umwelt.
Respekt vor der Verantwortung aller eigener Taten und Handlungen."

Der Magier war stolz auf den Lehrling und dessen Fleiß und Ernsthaftigkeit mit denen er die vermittelten Schätze behandelte.
Und sollte er auch das letzte Schlüsselelement wiedergeben können, so hätte er selbst noch eine wichtige Information für den Lehrer.

Geschichte – Verknüpfung - Veränderung

Er erzählte Geschichten, die auf den ersten Blick vielleicht gar nicht offensichtlich waren und nicht mal einen Sinn für den Zuhörer ergaben. Das Unterbewusstsein jedoch verstand die Botschaft und so trat nach und nach die Veränderung ein. Die Verknüpfung wurde unterbewusst gemacht. Heute ist die wahnsinnig unterhaltsame und effektive Methode des „Storytelling" um einiges bekannter und es wird auch und gerade in Businesszusammenhängen genutzt.

Die Geschichten von Erickson waren zum Teil sehr abstrakt und nicht wenige Menschen dachten, dass Erickson ein wenig wirr im Kopf war. Er wusste jedoch immer genau was er tat. Als Beispiel können Sie das Buch *„Meine Stimme begleitet Sie überall hin"* lesen, in dem etliche Geschichten erläutert und genannt werden.

Die Kombination verschiedener Bewusstseinsebenen spielt also eine wichtige Rolle bei Veränderungen und der Realisierung von Zielen.

In diesem Programm geht es u.a. darum beide Ebenen zu integrieren und so die Schritte einzuleiten, die die Veränderung für Sie herbeiführen.

Zum besseren Verständnis ein kleines bisschen zum Hintergrund der Studien und den fantastischen Erkenntnissen der Gehirn- und Gedächtnisforschung.

Wilder Penfield (1891 – 1976) war ein Gehirnchirurg und versuchte über Jahre eine Möglichkeit zu finden, Epilepsie zu heilen. Er stellte dabei in einem Versuch den Kontakt zwischen einer Elektrode und der Großhirnrinde her. Beim Senden eines elektrischen Impulses konnte sich eine Patientin an eine längst vergangene Situation erinnern, detailliert und sehr lebhaft. Gleichzeitig war sie dabei aber nicht bewusstlos o.ä. sondern bei vollem Bewusstsein in der ärztlichen Praxis.

Wissenschaftler glaubten nach diesem Versuch, dass das Gedächtnis geographisch im Gehirn lokalisiert wäre und machten weitere Versuche.

„Verwende deine Zeit für das Studium der Lehren anderer Leute, so dass du leicht an das herankommst wofür andere hart geschuftet haben!"
Sokrates

Rund um das Jahr 1955 herum führte der Amerikaner **Karl Lashley** Experimente mit Ratten durch. Er ließ sie durch ein kleines Labyrinth laufen bis hin zu einem Stück Nahrung. Nach einer Weile prägten sich die Ratten den Weg ein, so dass sie auf direktem Wege zum Futter gelangten.

Lashley entfernte einen Teil des Gehirns, um herauszufinden wo genau sich das Gedächtnis befand. Aber selbst mit einem Teil des Gehirns liefen die Ratten ohne Schwierigkeiten den kürzesten Weg zum Futter. Nach und nach entfernte der Wissenschaftler Teile des Gehirns bis nur noch das Stammhirn, ohne welches ein weiteres Überleben nicht möglich wäre, übrig war. Und selbst damit erinnerten sich die Ratten an den richtigen Weg.

Die Wissenschaftler standen vor einem Rätsel: Wo ist das Gedächtnis lokalisiert wenn nicht im Gehirn?

Kleiner Schwenk zu einem anderen Wissenschaftler der damaligen Zeit (um 1960): **Karl Pribram**, Neurochirurg, geboren 1919 in Wien.

Pribram befasste sich mit der holographischen Speicherung des Gedächtnisses. Er ging davon aus, dass das Gedächtnis funktioniert wie ein Hologramm.

Wie funktioniert ein Hologramm?

Wenn Sie Star Wars gesehen haben, dann wissen Sie wie ein Hologramm funktioniert, hier ist eine kurze Erläuterung:

Angenommen ich schieße mit einem Laser auf eine Birne. Der halbe Laserstrahl trifft dabei die Birne und die andere Hälfte trifft eine photographische Platte hinter der Birne. Der Teil des Lasers, der die Birne trifft wird von einem Spiegel umgeleitet, trifft auf den anderen Strahl, und beide treffen gleichzeitig auf die Platte.

Auf der Platte entsteht nun ein Interferenzmuster, das bedeutet kleine Zickzack-Linien.

Wird nun ein Laserlicht auf die Platte gestrahlt, so hat man ein holographisches Bild der Birne.

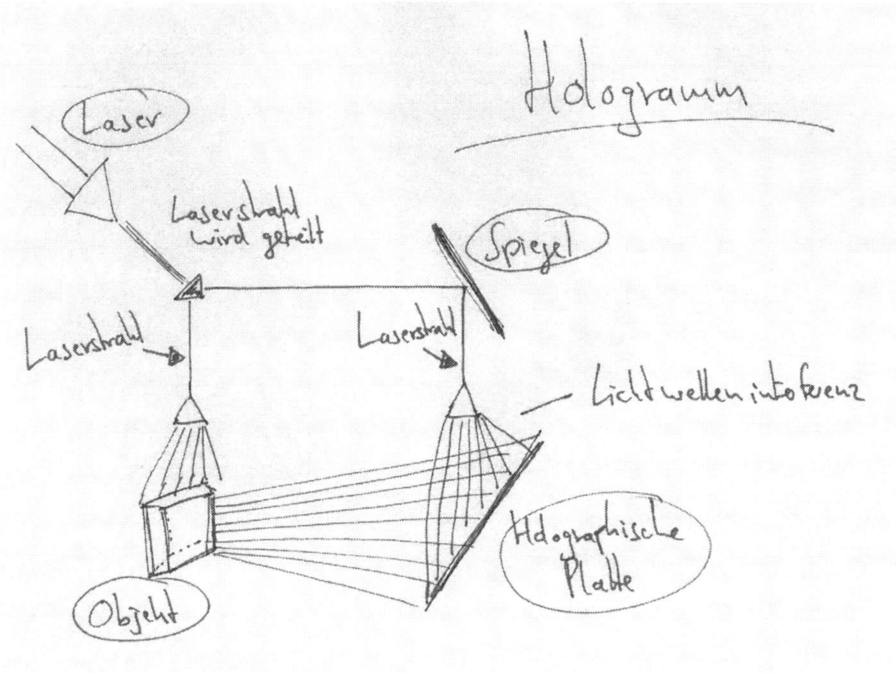

Das Interessante an einem Hologramm ist Folgendes:
Selbst wenn man nun die Platte, auf die das Hologramm projiziert wird, in zwei Teile teilt, so enthält jede Hälfte nicht die halbe Birne. Jede Hälfte hat ein Bild der gesamten Birne. Dasselbe passiert bei einem Viertel, Achtel usw. Egal wie klein oder oft man die Platte teilt, jedesmal wird ein Bild der gesamten Birne dargestellt.

Im Hologramm ist der Teil im Ganzen und das Ganze in jedem Teil. Ähnlich wie bei der Birne selbst. Der Teil (der Kern) ist enthalten im Ganzen (der Birne) und das Ganze (Erbgut, um neue Birnen zu produzieren) ist enthalten im Teil (dem Kern).

Pribram glaubte, dass das Gedächtnis genauso funktioniert.

Daraufhin unterhielt er sich mit **David Bohm** über diesen Gedankengang. Bohm warf die Frage auf: „Wenn das Gedächtnis ein Hologramm ist, wovon ist es ein Hologramm?"

Pribram antwortete, dass es ein Hologramm des Universums sei. Dazu kann ich das Buch *„Das holographische Universum"* von Michael Talbot empfehlen, wo weiteres dazu erläutert wird.

Diese Erkenntnis ist dabei nicht einmal neu. Metaphysisch gesehen formulierte **Hermes Trismegistos** auf den legendären Smaragdtafeln bereits, dass „so wie oben, so sei es auch unten", der Makrokosmos reflektiert den Mikrokosmos.

Aber wofür ist das eigentlich wichtig?

Die eben beschriebene Herleitung und das Prinzip der holographischen Speicherung von Erinnerungen bedeutet, dass es nichts außerhalb von einem selbst gibt, was nicht auch im Inneren existiert. Unsere äußere Welt ist ein Spiegelbild dessen was sich in unserem Inneren abspielt. Und damit halten wir den Schlüssel für jegliche Veränderung selbst in den Händen.

Das Ganze im Teil und der Teil im Ganzen... alles um uns herum ist letztlich mehr Raum und Energie als Materie. Betrachtet man beispielsweise einen Tisch durch ein entsprechend hochauflösendes Mikroskop, so würde man mehr Raum als Masse sehen. Die Anordnung der Partikel in einer bestimmten Vibration gibt uns die Illusion von Dichte.

Da auch jeder lebende Organismus letztlich aus Energie besteht wachsen und verändern wir uns ständig...

Wir haben ca. alle 5-7 Tage eine neue Magenlinie. 99,9% aller Moleküle in unserem Körper sind heute andere als noch vor ein paar Jahren.

Im Sinne der ständigen Veränderung hat es wohl Herakles (oder Herkules) am besten formuliert, der sagte...

***„Du kannst in einem Fluss nicht zweimal auf dieselbe Stelle treten."* -** *Herakles*

Ok, wozu all dieser wissenschaftliche Hintergrund?

Es geht um die Steuerung der eigenen inneren Welt, Ihrer Welt, das Auflösen einer Denkweise, die zu unzufriedenstellenden Resultaten führt.

Nur allzu häufig werden externe Faktoren als Grund angeführt warum Ziele nicht erreicht werden. Das jedoch ist der falsche Weg.

Noch ein Beispiel: Warren Buffett, einer der reichsten Menschen der Welt wurde am 30.08.1930 geboren, mitten in der großen Depression. Doch er hatte **eine andere Sicht der Dinge** und schaffte es zu unermesslichem Reichtum. Er hätte natürlich versagen und dann anführen können: Ich bin in die große Depression geboren worden, meine Eltern hatten es schwer, ich hatte keine Chance…

Doch er hat sich anders **entschieden**. Einmal, auf seinen Reichtum angesprochen und was denn heute anders sei als früher, sagte er:

„Nun, ich kann mir heute alles kaufen… aber dann… das konnte ich schon immer!"

Warren Buffett weiß, wie viele erfolgreiche Menschen, dass die innere Welt, die Sicht der Dinge und das Verhältnis von einem selbst dazu und zu sich selbst ausschlaggebende Faktoren sind. Er hatte und hat nicht das Grenzdenken, welches die meisten Menschen haben.

Entrepreneure wissen dies ebenfalls, fragen Sie mal Sir Richard Branson… Erickson sagte, dass wir alle eine ganze Lagerhalle von Ressourcen haben, sie aber nur mit einer Taschenlampe ausleuchten würden.

Die Taschenlampe ist der Fokus, die Ressourcen sind bereits vorhanden. Es geht jetzt darum diese mehr, anders oder überhaupt zu nutzen. Es ist alles im Kopf und bereits vorhanden. Darum geht es hier.

Eins noch: Einstein glaubte, dass wir durch die Grenzen unseres eigenen Denkens eingeschränkt wären. Studiert man erfolgreiche Menschen (egal worin erfolgreich), so stößt man auf bestimmte Leitlinien. Bereichsübergreifend funktionieren sie dennoch für die unterschiedlichsten Charaktere und Persönlichkeiten, unabhängig von bestimmten Behinderungen oder Einschränkungen die man vielleicht hat. Jeder hat sein eigenes Weltbild.

Es geht auch nicht darum einem bestimmten Guru zu folgen, die Zeit des Gurus ist vorbei. Heute haben wir die Möglichkeit unser eigener Guru zu sein.

Egal worum es geht: Gesundheit, Beziehungen, Geld und Karriere... alle Probleme sind Illusionen des eigenen Verstands. Genauso Lösungen und Antworten.

Die Menschen, die diese Ressourcen kennen sehen Probleme als Herausforderungen, sehen Hürden und gleichzeitig Möglichkeiten.

Der Lehrling entgegnete voller Stolz:
"*Ein wirklicher Magier glaubt nicht, dass auch nur eines der vorherigen Elemente wahr ist, aber so handelt als wären sie wahr.*

Ein Magier vertraut auf die Erfahrung seiner Sinne, um die erhaltenen Reaktionen richtig zu interpretieren und um zu bekommen was immer er möchte. Und er wägt ab, welche Entscheidung in einer bestimmten Situation am meisten angebracht ist."

Der Magier konnte seinen Stolz ein Stück weit nicht verbergen.

"*Du hast gut gelernt und weise gesprochen. Eines noch: Ein Magier sammelt und erzählt Geschichten.*

Jede Geschichte ist wahr und doch noch nicht wahr. Jede Geschichte ist in ihrem eigenen Zusammenhang und ihrer eigenen Realität abgeschlossen. Jede Geschichte reflektiert eine ganz individuelle Weltanschauung. Und doch zeigt sie nur ein Stück weit die Perspektiven des Erzählers und der Zuhörer.

Geschichten, mein Freund, geben uns die Möglichkeit die Dinge aus einer neuen, einer anderen Perspektive zu betrachten. Sie fordern uns heraus unsere eigenen Einschränkungen zu erkennen und geben uns dadurch die Möglichkeit neue Einsichten zu erhalten.

Und Geschichten sind nur ein Teil mein junger, wissbegieriger Freund..."

Machen Sie aktiv mit!

Sie werden in diesem Buch viel Informationen erhalten und auch praktische Übungen für Sie selbst. Sie kennen die Appelle aus zahlreichen Büchern mitzumachen. Natürlich ist es komplett Ihnen überlassen.

Dazu hier eine kleine Information.
Menschen lernen und behalten in Erinnerung:

10% von dem was sie lesen
20% von dem was sie hören
30% von dem was sie sehen
50% von dem was sie hören & sehen
70% von dem was sie mit anderen besprechen
80% von dem was sie im Alltag verwenden und tun
95% von dem was sie anderen beibringen

Ich wünsche Ihnen viel Erfolg und Spaß mit diesem Buch und dem darin enthaltenden Programm.

Die Stunde der Wahrheit - Die Verpflichtung zur Veränderung

Jede noch so kleine Veränderung beginnt mit dem ersten Schritt. Dabei spielt es keine Rolle, ob es sich hierbei um etwas Berufliches, eine Beziehung oder um Ihre persönliche Fitness handelt. Die Ausgangslage ist dabei jedoch immer dieselbe: Es klafft eine Lücke zwischen der Ist-Situation (gegenwärtig) und der Soll-Situation (Ihr Ziel). Um diese Lücke zu schließen, benötigen Sie vor allem zwei Dinge auf fortlaufender Basis: **Fokus** bzw. **Aufmerksamkeit** und **zielorientierte Handlung**(en).

Die Dinge, auf die wir unseren Fokus richten, sind genau die, auf die wir früher oder später zusteuern und auch erreichen. Das bedeutet, dass auf unwichtige Dinge gerichtete Aufmerksamkeit ein perfektes Rezept für Stress und Probleme ist.

Eine einfache Frage an sich selbst (und andere), die ich häufig verwende lautet: Konzentrierst du dich auf die „**wichtigen wenigen**" oder die „**trivialen vielen**"?

Vielleicht die gängigsten Redewendungen, was dahinter steckt ist klasse. Für jedes Ziel, welches Sie (oder irgendwer) erreichen möchten, gibt es wenige wirklich wichtige Faktoren, die Sie unbedingt berücksichtigen müssen, um es zu erreichen. Wenn Sie diese wichtigen wenigen Faktoren ignorieren, passiert gar nichts.

Auf der anderen Seite gibt es viele, viele triviale Dinge, die zwar eine Menge Zeit in Anspruch nehmen. Aber für das Erreichen des Ziels sind sie überhaupt nicht wichtig.

Ein Beispiel: Frank möchte einen Marathon laufen. Er ist kein großer Läufer, hat vielleicht vorher mal 10km am Stück absolviert. Zu den wenigen, wirklich wichtigen Dingen gehört ganz klar: Laufen! Trainieren! Tut er dies nicht, wird er auch keinen Marathon absolvieren.

Zu den vielen trivialen Dingen, die er so macht, gehören: Jedem im Umkreis erzählen, dass (und wie) er plant einen Marathon zu laufen. Dann stundenlanges Studium darüber welche Schuhe und Ausrüstung er tragen wird. Bitte bedenken Sie: Er hat noch nie einen Marathon absolviert, ist blutiger Anfänger. Dann liest er auf Blogs und Internetseiten über die Erfahrung des Marathonlaufens und schaut sich womöglich noch inspirierende Filme an. All diese Dinge machen Spaß und haben mit dem Thema zu tun, aber sie werden im nur minimal helfen im Vergleich zu der einen, wirklich wichtigen, Sache: Trainieren!

Der Unterschied zwischen einem Erfolgsmenschen und einem „Aufschieber" ist die Fähigkeit sich für die wenigen wichtigen Faktoren zu entscheiden, die maßgeblich für das Erreichen eines Ziels notwendig sind - anstatt auf die trivialen vielen Faktoren, die Zeit kosten, Energie verschwenden und am Ende gar nichts bringen.

Im Umkehrschluss jedoch ist zielgerichteter Fokus auf die für uns wichtigen Dinge die Grundlage für jeden Erfolg. Warren Buffett, erfolgreichster Investmentguru und einer der reichsten Menschen der Welt, las zu einem bestimmten Zeitpunkt pro Jahr ca. 2000 Jahresabschluss-Berichte verschiedenster Unternehmen…
Fokus=Resultate.

Es ist wichtig zu verstehen, dass Veränderung nicht über Nacht geschieht. Dauerhafte Veränderung ist das Ergebnis kleiner, aber kontinuierlicher Schritte. Veränderung ist nichts weiter als Mathematik. Nicht was Sie jetzt vielleicht denken mögen…

Ein Beispiel: Angenommen Sie möchten anhand von Büchern und Audio-CDs eine bestimmte Sprache erlernen. Wenn Sie nun jeden Tag, oder sagen wir jeden Werktag, 30 Minuten mit diesen Büchern und Audio-CDs lernen, dann macht das 2,5 Stunden pro Woche. Im Monat sind dies 10 Stunden und summiert auf ein Jahr 120 Stunden (oder 168 inklusive der Wochenenden)! Überlegen Sie mal was das für einen Effekt hat. Das Wissen von 120 Stunden Studium! Und das alles durch 30 Minuten pro Tag. Natürlich können Sie dieses Ergebnis maximieren, durch beispielsweise 60 Minuten Studium pro Tag…

Und hier ist eine Möglichkeit, wie Sie es schaffen können, ohne zusätzlich Zeit dafür freizumachen. Sie können diese Audioprogramme auf dem Weg zur Arbeit hören. Fragen Sie sich einmal: Macht es heute einen Unterschied welches Lied Sie letzte Woche am Dienstag im Radio gehört haben bzw. können Sie sich überhaupt noch daran erinnern?

Und jetzt überlegen Sie einmal, Sie erlernen einen Sprache (oder was auch immer Sie wollen). Was Sie letzte Woche Dienstag gelernt haben, spielt heute noch eine Rolle, egal was es war.

Die meisten Menschen sagen in so einem Moment: *Aber auf dem Weg zur Arbeit möchte ich lieber Musik hören und entspannen.* Das sagen die meisten… die meisten, die keine Resultate vorweisen können, dafür aber Erklärungen und Gründe.

Sämtliche Dinge, die Sie gut beherrschen oder Fähigkeiten, die Sie sich angeeignet haben, sind das Resultat kontinuierlicher Anwendung(en). Sie sind gut in einem bestimmten Sport, weil Sie ihn regelmäßig durchführen. Dasselbe gilt für das Spielen eines Instruments, das Sprechen einer Sprache, Ihr berufliches Fachwissen oder jede andere Ihrer erlernten Fähigkeiten.

***„Wir sind nicht nur für das verantwortlich ~~für das~~ wir tun, sondern auch für das was wir nicht tun."* Voltaire**

Eine Metapher, die sehr passend angewendet werden kann ist die vom wachsenden Muskel:

Ein Muskel wächst, wenn er kontinuierlich einer bestimmten Belastung ausgesetzt wird. Durch die anschließende Ruhephase regeneriert und wächst der Muskel, um der Belastung das nächste Mal besser standhalten zu können. Wird dieses Prinzip über einen bestimmten Zeitraum regelmäßig (vielleicht 30 Minuten/Tag) angewendet, so wächst der Muskel stetig und gesund.

Im Vergleich dazu bringt es überhaupt nichts, wenn Sie acht Stunden am Stück trainieren. Im Gegenteil: Sie sind müde, ausgepowert, verlieren womöglich Ihre Motivation und im schlimmsten Fall fügen Sie Ihrem Muskel Schaden in Form einer Verletzung zu. Verteilen Sie jedoch diese 8 Stunden über die gesamte Woche, so erzielen Sie im Laufe der Zeit das gewünschte Wachstum.

In allen anderen Bereichen ist es genau dasselbe. Kontinuierliche, kleine und absolut machbare Schritte führen im Laufe der Zeit zum gewünschten Resultat. Den Zeitraum bestimmten dabei natürlich Sie selbst. Wichtig sind **Kontinuität und Herausforderungen**.

Das ist nichts Neues, wirklich nicht. Wichtig ist, dass man es akzeptiert und sich nicht verleiten lässt von den großen Titeln und Schlagzeilen wie 30kg abnehmen in 2 Wochen oder 1 Million online verdienen in sieben Stunden und all dieser Quatsch. Ja, es kann schnell gehen. Die Frage ist aber hier: Wie gesund ist es in 2 Wochen 30kg abzunehmen (ob das möglich ist, weiß ich nicht)? Und was hat eine Person, die 1Mio in sieben Stunden verspricht an Jahren zuvor investiert, um dies jetzt tun zu können.

Lassen Sie sich davon nicht verwirren und setzen Sie die Nachhaltigkeit ganz nach oben auf Ihre Liste. Sonst erleben Sie den unerwünschten Jojo-Effekt, wo nach kurzer Zeit alles wieder so ist wie zuvor. Nachhaltigkeit erzielen Sie nur durch Gewohnheiten, die Sie mehr oder weniger täglich durchführen.

Sie erfahren im Laufe dieses Programms verschiedene „Geheimnisse" über menschliches bzw. IHR Verhalten und über die Funktionsweise Ihres Gehirns (und wie Sie es für sich arbeiten lassen anstatt gegen sich!). Außerdem bekommen Sie zahlreiche Prinzipien, die Ihnen helfen können, Ihr angestrebtes Ziel schneller, einfacher und effektiver zu erreichen.

Die vier gefährlichsten Worte:

Natürlich werden Ihnen einige Dinge schon bekannt vorkommen. Und wahrscheinlich ist auch alles schon einmal da gewesen. Niemand erfindet das Rad neu. Sollten Ihnen einige Themen bereits bekannt vorkommen und Sie sind nicht da, wo Sie gern sein möchten, fragen Sie sich was Sie davon abgehalten hat, diese Themen und Inhalte anzuwenden. Ein guter Freund von mir erwähnt immer wieder: *Wissen, aber nicht anwenden, ist nicht wirklich wissen!*

Ein toller Satz wie ich finde. Etwas zu kennen und damit zu glauben, es auch schon zu tun, ist eine Illusion. Im Coaching und in Seminaren erlebe ich es leider regelmäßig, dass ein Großteil der Teilnehmer gerade das glaubt.

Überlegen Sie einmal: Sie kennen sich in einem Bereich wirklich gut aus, Sie sind ein Experte. Und dann möchten Sie jemandem etwas dazu erklären und Sie bekommen diesen grinsenden Blick mit den Worten: *Das kenne ich schon. Habe ich schon gehört, ist nichts Neues für mich.* Und je länger Sie sprechen, desto mehr merken Sie, dass es nichts als allgemeines Halbwissen ist, was Ihr Gesprächspartner besitzt.

Die vier gefährlichsten Worte, die Sie im Bereich der Persönlichkeitsentwicklung verwenden können, lauten:

DAS KENNE ICH SCHON!

Die Anwendung ist wichtig und die Resultate. Bemühen allein reicht nicht. Sie wissen ja was es bedeutet wenn es heißt: ...hat sich stets bemüht.

Gehen Sie an die Themen frisch heran und versuchen Sie sie aus einem anderen, neuen, Winkel zu betrachten. Ich versuche Ihnen diesen Winkel so leicht wie möglich zu machen.

Ziel ist es durch die erwähnten, kleinen und kontinuierlichen Schritte die für Sie gewünschte Veränderung hervorzurufen oder Sie zumindest entscheidend in die richtige Richtung zu lenken.

Zu Beginn möchte ich Ihnen drei Fragen stellen. Ich schlage vor, dass Sie sich diese drei Fragen abschreiben oder ausdrucken und sichtbar dort platzieren, wo Sie sie mehrmals am Tag sehen. Wann immer sie Ihnen ins Auge fallen, setzen Sie sich kurz mit Ihnen auseinander.

Wiederholung ist die Mutter allen Könnens!

Frage Nr. 1:
Wo liegt mein Fokus heute?

Fragen Sie sich zu verschiedenen Tageszeiten(!) wo Ihre Aufmerksamkeit gerade liegt. Vielleicht lesen Sie ein Buch, sind mit den Gedanken aber bei den Planungen für das Abendessen. Oder Sie sitzen vor dem Laptop, bereit einen wichtigen Bericht für Ihre berufliche Karriereplanung zu verfassen, und stellen fest, dass Sie stattdessen die neuesten Nachrichten in Ihrer Mailbox lesen.

Beobachten Sie sich selbst und fragen Sie sich mindestens einmal am Morgen und einmal am Abend wo Ihr Fokus am jeweiligen Tag liegt, lag oder liegen sollte.

Mit der Zeit wird die Frage in Ihrem Kopf immer präsenter und führt dazu, dass Sie sofort da ist wenn Ihre Aufmerksamkeit von wichtigen Dingen abweicht und sich (für den Moment) unwichtigen Dingen zuwendet. Sie können dann entsprechend sofort gegensteuern.

Oder: Wichtige Wenige vs. Triviale Viele

Frage Nr. 2:
Bringen mich meine Handlungen meinen Zielen näher oder entfernen Sie mich weiter davon?

Nachdem Sie nun wissen worauf Ihr Fokus liegt, fragen Sie sich wie er im Verhältnis zum Erreichen Ihres Ziels steht.

Ein Nachmittag vor dem Fernseher mit den aktuellen Geschehnissen aus fiktiven Daily-Soaps hilft einem Studenten nicht das Semester mit 1,0 abzuschließen. Dieses eine Stück Kuchen bringt Sie Ihrem Ziel 15 kg abzunehmen kaum näher. Genauso wie es wahrscheinlich nicht hilft jeden Tag als Erster das Büro zu verlassen aber zu hoffen, dass man bald bei der nächsten Beförderung zum Top-Kandidaten auserkoren wird.

Die einfache Gegenüberstellung von aktuellen Handlungen (zur besseren Selbstwahrnehmung helfen auch vergangene und geplante zukünftige) und dem Nr. 1 Ziel bringt eine Reihe von Erkenntnissen über den Sinn der Handlungen – zumindest zum gegenwärtigen Zeitpunkt.

Der größte Feind an dieser Stelle sind Erklärungen und Gründe, die man sich selbst zurechtlegt, um ein nicht-ziel-orientiertes Verhalten zu rechtfertigen (*Aber ich arbeite viel effektiver wenn ich mich vorher ausgiebig entspanne…*).

Frage Nr. 3:
Was kann ich schon morgen verändern oder verbessern, um mich meinem Ziel näher zu bringen?

Es geht hier nicht um Mammut-Projekte. Kleine Veränderungen geschehen jeden Tag. Machen Sie es sich zur Gewohnheit diese so sinnvoll zu gestalten, dass Sie davon dauerhaft profitieren können.

Wenn Sie beispielsweise Englisch sprechen möchten und jeden Tag eine einzige Vokabel lernen, so haben Sie Ihren Wortschatz nach einem Jahr um 365 Wörter erweitert!

Im Englischen gibt es eine Weisheit: *Slow and steady wins the race!* Langsam und beständig gewinnt das Rennen. Kleine Veränderungen, die kontinuierlich durchgeführt werden haben mit zunehmender Zeit IMMER Auswirkungen. Es geht darum dabeizubleiben und diese Kleinigkeiten so zu wählen, dass Sie auch auf jeden Fall dabeibleiben und nicht nach wenigen Tagen wieder damit aufhören.

Nutzen Sie diese Anwendung auf einem für Sie relevanten Gebiet. Die große Masse macht es genau andersherum. Sie ist motiviert etwas zu tun, wirft alles hinein und kennt nichts anderes mehr. Das Ganze hält dann ca. eine Woche, wenn überhaupt, und das war es dann. Keine dauerhaften Resultate.

An dieser Stelle möchte ich Ihnen eine Selbstverständlichkeit vermitteln, die allen Menschen bekannt ist, die jedoch von den meisten ignoriert wird.

Vergangenheit ist nicht gleich Zukunft!

Wie oft hören Sie Sprüche wie *„Das haben wir noch nie so gemacht."* oder auch *„Das wird so gemacht, weil es seit 50 Jahren so gemacht wird."* oder ähnliches?

Diese Aussagen sind genau das Gegenteil dieser Selbstverständlichkeit. Die Möglichkeit etwas zu verändern besteht jeden Tag aufs Neue!

Samuel Johnson, ein englischer Sprachforscher, sagte passenderweise, dass *„die Fesseln der Gewohnheit meist so fein sind, dass man sie gar nicht spürt. Doch wenn man sie spürt, sind sie schon so stark, dass sie sich nicht mehr zerreißen lassen."* Natürlich ist es nicht so, dass es überhaupt nicht mehr geht. Es wird jedoch schwieriger. Nicht weil es schwieriger IST, sondern weil wir uns so ungern von denen verabschieden, die uns vertraut und gewohnt sind.

Vielleicht fragen Sie sich: Wenn all das so einfach ist, warum fällt es dann so schwer sich von alten, meist ineffizienten Gewohnheiten zu verabschieden?

Nun, hier ist die Antwort.
Es gibt zwei Quellen des Erfolgs und der Motivation: **Inspiration** oder **Verzweiflung**.

Inspiration:

...bedeutet, dass Sie von einer Sache, einem Ereignis, einer Person etc. emotional so berührt werden, dass Sie sich motiviert fühlen eine Handlung folgen zu lassen. Diese Art der Erfolgsquelle ist meist positiver Natur, kann jedoch auch durch negative Einflüsse entstehen. Sie möchten auf etwas hinzugehen, etwas dazu gewinnen und aktiv etwas bekommen.

Verzweiflung:

...bedeutet, dass durch Schmerz (physisch, emotional, mental) ein solcher Negativpunkt erreicht wurde, dass Sie zum Handeln motiviert sind, um diesem Schmerz zu entkommen. Sie möchten hier weg von etwas, weil Sie es nicht mehr ertragen können. Diese Art der Motivation veranlasst Menschen meist schneller zu handeln, jedoch ist die Motivation meist nicht von langer Dauer.

Mit der Verzweiflungstaktik ist z.B. der berühmte Jojo-Effekt verbunden. Menschen nehmen ab, weil sie *nicht* mehr dick sein wollen. Dann nehmen sie ab und wenn sie sich nicht mehr dick fühlen, lässt die Motivation für Sport, gesunde Ernährung etc. nach und sie verfallen wieder in alte Verhaltensmuster. Bis der Schmerz oder die Verzweiflung so groß sind, dass sie sich wieder motiviert fühlen abzunehmen... usw.

Das Problem ist, dass die meisten Menschen häufig irgendwo zwischen Inspiration und Verzweiflung liegen. Sie fühlen sich entweder nicht genügend inspiriert, um mit ihren Gewohnheiten zu brechen oder aber sind noch nicht verzweifelt genug (bzw. der Schmerz ist nicht stark genug). Das ist auch der Grund, zumindest bei Verzweiflung, warum die meisten nach ersten Erfolgen wieder aufhören (der Schmerz wurde zu einem tragbaren Grad verringert), um später wieder in alte Gewohnheiten zurückzuverfallen.

Die Zone zwischen diesen beiden Faktoren ist die berühmte (oder berüchtigte?) Komfortzone! Dieser zu entkommen erfordert im Prinzip nur eine einzige Zutat. Genau diese jedoch erweist sich im Laufe der Zeit häufig als hartnäckiger Gegner, der nur allzu oft die Oberhand behält.

Diese Zutat ist der unbedingte Wille wirklich etwas verändern zu wollen. Eine Sache wirklich zu wollen macht den entscheidenden Unterschied gegenüber etwas nur zu möchten. Der Grund dafür liegt auf der Hand. Auf dem Weg zum Erreichen des Ziels werden ohne Zweifel Hindernisse und Herausforderungen auftreten. Wenn man eine Sache nur möchte, so genügen schon wenige solcher Hindernisse, um aufzugeben.

Hindernisse sind wunderbar. Sie geben mir die Möglichkeit, mich von meiner Konkurrenz zu unterscheiden.

Es ist schwer mit genügend Geduld kreative Pläne zu entwickeln wenn einen das Ziel nur ein bisschen interessiert, oder?

Ein einfaches Beispiel: Mal angenommen Sie besorgen ein Geschenk für einen Geburtstag . Wenn es für einen lieben Menschen ist, der Ihnen viel bedeutet und Sie finden nicht auf Anhieb was Sie sich vorgestellt haben, werden Sie Mittel und Wege finden. Dies könnten andere Geschäfte sein, das Internet, Recherche usw. Ist das Geschenk doch so eine Art Pflichtgeschenk für jemanden, der Ihnen eigentlich egal ist und Sie finden es nicht auf Anhieb... was tun Sie? Nehmen Sie denselben Aufwand in Kauf wie im ersten Beispiel? Oder besorgen Sie lieber etwas das *jetzt* verfügbar ist?

Diese Motivation hat mit dem Grad des Wollens zu tun die in unmittelbarem Zusammenhang mit der Person steht.

Aber stellen Sie sich vor, dass Sie etwas WIRKLICH wollen. Im Falle einer Schwierigkeit werden genau jene Fähigkeiten herausragen, die benötigt werden. Dazu gehören unter anderem Geduld, Kreativität, Durchhaltevermögen, Selbstvertrauen, Entschlossenheit oder auch Mut. Natürlich zählen noch andere Faktoren dazu.
Besondere Resultate sind die Folge besonderer Psychologie

Sie können die äußere Welt nicht verändern, jedoch Ihre innere. Sie können die Einflüsse in Ihrem Leben nicht verändern, jedoch die Bedeutung, die diese für Sie haben!

Häufig hört man von persönlichen Lebensphilosophien getreu dem Motto „*Wenn X passiert, dann fühle ich mich gut.*"

Wenn ich Summe X verdient habe, bin ich glücklich.
Wenn ich erstmal gesund bin, wird es mir gut gehen.
Wenn ich den Partner meiner Träume habe, wird mein Selbstwert steigen.

Das Prinzip zuerst etwas bekommen zu wollen bevor man investiert funktioniert nicht (auf Dauer). Nirgendwo! Dies betrifft verschiedene Arten von Investitionen, z.B. finanziell, emotional, zeitlich, beziehungstechnisch etc.

Der Fokus liegt bei diesen Beispielen auf externen Faktoren, die Sie nur bedingt oder gar nicht beeinflussen können. Zudem machen Sie Ihr Glück dabei abhängig von Dingen wie Geld oder einem bestimmten Menschen. Was aber tun Sie, wenn das Geld oder dieser Mensch nicht mehr da ist oder gar nicht erst kommt? Warten Sie bis neues Geld oder ein anderer Mensch daher kommt? Viele Menschen tun es und finden sich damit wiederholt in der Rolle des passiven (und vor allem machtlosen) Zuschauers wieder.

Merken Sie, dass es kein Wunder ist, dass es so viele emotionale Achterbahnfahrten im Leben zahlreicher Menschen gibt?

Es ist wichtig zu erkennen, dass äußere Einflussfaktoren in Bezug auf persönliches Glück nur eine kurze Halbwertzeit besitzen. **SIE** müssen Ihr Leben verändern und dadurch die äußeren Umstände. Die Veränderung beginnt jedoch bei Ihnen und zu einem beträchtlichen Teil Ihrer Fähigkeit Ihre Emotionen zu kontrollieren.

Obwohl dieses Prinzip seit Beginn der Menschheit existiert, versuchen die Meisten auch heutzutage noch, eher andere zu verändern als sich selbst. Aber fragen Sie sich: Wie gern möchten Sie von anderen verändert werden, damit diese sich besser fühlen? Wahrscheinlich wenig bis gar nicht! Und so geht es allen anderen nun einmal auch.

Das einfache Prinzip von Ursache und Wirkung beinhaltet eine Menge Macht über einen selbst. Die Frage, die sich stellt ist: Möchte ich die Wirkung irgendeiner Ursache (innerhalb oder außerhalb von mir selbst) sein, die ich selbst nicht kontrollieren kann?

Oder bin ich lieber selbst die Ursache für sämtliche Wirkungen in meinem Leben?

An dieser Stelle taucht häufig die Frage auf, bis zu welchem Grad man denn am besten Verantwortung übernehmen sollte / müsste. Der „Trick" besteht darin zunächst einmal zu verstehen, dass es keine Grenzen gibt. Je mehr Verantwortung man bereit ist für sich zu übernehmen, desto mehr Resultate zieht es nach sich. Und logischerweise auch Konsequenzen (positiv wie negativ).

Eine schöne Botschaft bzgl. dieser Frage sendet die Nachricht von „Die kleine Seele und die Sonne"

Die Geschichte von der kleinen Seele und der Sonne

Die Qualität Ihres Lebens steht in direkter Relation zu den Emotionen, die Sie dauerhaft erfahren!!

JETZT SIND SIE DRAN:

Integrieren Sie die folgenden 3 Fragen in Ihren täglichen Ablauf und führen Sie Protokoll bis diese Fragen bzw. die Antworten in Ihrem Kopf auch ohne Notizen ständig präsent sind.

Diese Aktivität muss nicht länger als 5-10 Minuten dauern. Grundsätzlich gilt, dass je länger Sie sich mit dieser Aktivität beschäftigen, desto konkreter und schneller erzielen Sie Resultate. Dies geschieht weil Sie es sich ganz einfach bewusster machen und konsequent dauerhaft vor Augen führen.

Wenn die Ideen und Gedanken nicht auf Anhieb in den Kopf schießen... keine Panik! Geben Sie sich etwas Zeit. Je häufiger und mehr Sie sich Gedanken zu den Fragen machen, desto natürlicher und schneller kommen entsprechende Ideen.

Frage Nr. 1:
Wo liegt mein Fokus heute?

Schreiben Sie hier auf, welchen Dingen Sie heute Ihre Aufmerksamkeit geschenkt haben bzw. wie Sie Ihre Zeit (besonders Ihre Freizeit) verbracht haben und wie viel Zeit Sie jeweils für eine bestimmte Aktivität investiert haben.

Zählen Sie ruhig alles auf was Ihnen einfällt.

Um Veränderungen zu erzielen und Dinge zu verbessern oder zu optimieren, ist es notwendig zunächst einmal einen Überblick über das zu bekommen was man überhaupt macht (oder auch nicht). Zeit verfliegt nicht, sie wird verbraucht, vergeudet oder genutzt. Ziel ist es sie als Investition zu betrachten, die (wie eine Investition) eingesetzt wird, um etwas rauszubekommen bzw., um etwas davon zu haben.

Ganz wichtig ist natürlich noch, dass Sie ehrlich zu sich selbst sind und wirklich genau die Aktivitäten aufführen, die Sie auch tatsächlich ausgeführt haben. Es ist kein Test und wird nicht kontrolliert, also lohnt es sich auch nicht zu schummeln ;-)

Tätigkeit / Beschreibung der Tätigkeit - Investierte Zeit in Minuten / Stunden

.

.

.

.

.

.

.

.

.

.

.

.

.

.

.

.

.

.

.

.

.

.

.

.

.

.

.

.

.

.

.

.

.

Frage Nr. 2:
Bringen mich meine Handlungen meinen Zielen näher oder entfernen Sie mich weiter davon?

Dass ein Ziel nur erreicht werden kann, wenn die eingesetzten Handlungen darauf ausgerichtet sind, ist klar. Je größer die Diskrepanz zwischen Handlung und gesetztem Ziel, desto geringer natürlich die Wahrscheinlichkeit des Erreichens eines Ziels.

Im Laufe der Zeit neigen viele dazu (häufig unbewusst) sich immer mehr von den eigenen Zielen zu entfernen. Dies hat zur Folge, dass sich Frust breit macht und die Motivation ebenfalls leidet da es nicht bewusst gesteuert ist. Es ist wichtig im laufenden Prozess auf ein Ziel hin immer wieder zu hinterfragen, ob die unternommenen Handlungen auch sinnvoll sind *in Bezug auf das jeweilige Ziel*!

Nicht jede Handlung ist gleichermaßen sinnvoll wenn es um bestimmte Ziele geht. Alibibeschäftigungen sind das erste Zeichen von selbstsabotierenden Handlungen und führen einen überall hin, nur nicht zum gewünschten Ziel.

Sinn und Zweck dieser Frage ist eine Überprüfung des aktuellen Standes. Wo befinden Sie sich auf dem Weg zu Ihrem Ziel und bewegen Sie sich überhaupt in die richtige Richtung?

Allein zu hinterfragen *„Was mache ich hier gerade und bringt es mich zum Ziel näher oder eher davon weg?"* ist eine der wertvollsten Aspekte des zielgerichteten Selbstcoachings (Konzentrieren Sie sich auf die **wichtigen wenigen** oder die **trivialen vielen**?)

Richtig verinnerlicht und umgesetzt, kann diese Frage die erzielte Effektivität um ein Vielfaches steigern und unnötige und sinnlose Handlungen (Alibi-Handlungen) reduzieren oder sogar gänzlich eliminieren.

Sie können in der Spalte „Zusammenhang" einen Kommentar machen oder auch Symbole wie Plus oder Minus.

Frage Nr. 2:
Bringen mich meine Handlungen meinen Zielen näher oder entfernen Sie mich weiter davon?

Tätigkeit / Beschreibung der Tätigkeit / Handlung

.
.
.
.
.
.
.
.
.
.
.
.
.
.
.

Gesetztes Ziel *Zusammenhang*

.
.
.
.
.
.
.
.
.
.
.
.
.
.

Frage Nr. 3:
Was kann ich schon morgen verändern oder verbessern, um mich meinem Ziel näher zu bringen?

Sobald Sie herausgefunden haben, welche Handlungen Sie nicht zwingend zu Ihrem Ziel führen (und zu welchem Grad), geht es nun darum, dass diese Information effektiv genutzt wird.

Um ein bestimmtes Ziel zu erreichen wissen die meisten Menschen in der Regel zu einem Großteil was Sie dafür tun müssen. Durch die vorangegangenen Fragen haben Sie Aufschluss darüber erhalten an welchen Schrauben Sie drehen müssen.

Jetzt geht es darum entsprechende „neue" Handlungen in Ihren Alltag einzuschließen. Kontinuität ist dabei wichtiger als Intensität. Jeden Tag ein bisschen – JEDEN Tag! Überlegen Sie sich hierfür welche kleinen Handlungen einen sofortigen Effekt haben könnten und wie Sie diese in Ihren bestehenden Tagesablauf einbauen können. Mit zunehmender Dauer können diese Handlungen natürlich auch größer werden.

Der Grund warum Sie nicht sofort mit riesigen Veränderungen beginnen sollten ist einfach. Eine Veränderung benötigt etwas Zeit, um auch unbewusst verinnerlicht zu werden. Dafür sind kleinere Handlungen besser geeignet als große. Abgesehen davon unterschätzen die meisten Menschen, dass eine Veränderung zwar an einem Tag sehr gut funktioniert, es aber nicht so leicht ist, diese dauerhaft zu einer Gewohnheit zu machen. Und genau damit erzielen Sie letztlich die Veränderung.

Hat sich Ihr Unterbewusstsein darauf eingestellt und wird die Handlung automatisiert ist es leichter sie größer bzw. umfangreicher zu gestalten.

Achten Sie zudem darauf, dass Ihre Veränderungen für Sie realistisch sind. Ein neues Verhalten ab sofort täglich mehrere Stunden umzusetzen ist sicherlich unrealistischer als beispielsweise 10-15 Minuten. Stetige Steigerungen sind immer möglich. Ist die Motivation jedoch erst einmal weg (durch zuviel zu früh auf einmal), ist es aufwendiger diese wieder herzustellen. Vergessen Sie nicht: Stetig und langsam gewinnt das Rennen

Tätigkeit / Beschreibung der Tätigkeit / Handlung und Notizen dazu

.
.
.
.
.
.
.
.
.
.
.
.
.
.
.
.
.
.
.
.
.
.
.
.
.
.
.
.
.
.
.
.
.
.
.
.
.
.
.
.
.
.
.

„Verantwortung.. hmmm da steckt das Wort „Antwort“ drin, ist das Zufall?“

„Junger Freund, du weißt schon so viel, glaubst du das wirklich?“ sagte der Magier mit einem verhohlenen Grinsen.

„Ich hätte es wissen müssen.“ war der Zauberlehrling ein wenig sauer.

Der Magier fuhr fort:
„Verantwortung hat mit Einstellung zu tun. Jeder von uns reagiert in verschiedenen Situationen anders. Wir haben viele Möglichkeiten des Handelns zur Wahl. Eine besondere Wahl haben wir dabei immer: Anderen Menschen oder Umständen die Schuld geben oder selbst Verantwortung übernehmen.“

Der Schüler hakte ein:
„Aber man kann doch nicht die Verantwortung für ALLES übernehmen. Das wäre doch verrückt.“

„Das ist wahr.“ murmelte der Magier *„Wichtig ist, dass egal was mit dir passiert. Ob es äußerlich oder innerlich stattfindet - du musst mit den Konsequenzen leben. Und nur DU kannst mit den Dingen so umgehen, dass du letztlich bekommst was du willst.“*

Der Lehrling begann fast schon zu schwitzen:
„Das klingt schwer. Wie läuft es in der Praxis?“

„Ich gebe dir ein Beispiel. Hat dir jemand schon einmal Hilfe zugesichert und dich dann im Stich gelassen?“

„Ja, sogar oft.“

„Und wenn das passiert, wie reagierst du?“

Der junge Zauberlehrling dachte nicht lange nach:
„Es macht mich wütend manchmal. Dann koche ich innerlich fast weil ich es einfach ungerecht finde. Und ganz selten sage ich sogar Worte, die mir hinterher leidtun. Aber dann fühle ich mich meist ein wenig besser“

Der große, weise Magier antwortete:
„ Das stimmt wohl. Manchmal hat das einen beruhigenden Effekt. Aber die entscheidende Frage ist eine andere: Dein Verhalten, dein Ärger und deine Wut, wie helfen sie dir in dieser Situation?“

Der junge Lehrling war überrascht von der Frage:
„Äh… nun ja. Wenn ich mich aufrege und mir erlaube das zu tun, geht es mir danach besser. Die Spannung ist dann weg und ich kann mich immer noch trösten mit der Gewissheit, dass es ja nicht meine Schuld war.“

Der Magier ließ an dieser Stelle nicht locker:
„Aber wie hilft es dir weiter mit deinem Leben danach und genau genommen mit diesem Problem, welches die heftigen Emotionen überhaupt erst verursacht hat?“

Es wurde still. Der junge Lehrling musste darüber erst einmal nachdenken. Zu seinem Bedauern musste er eingestehen:
„Ich schätze es hilft überhaupt nicht. Wenn ich manchmal danach noch an die Situation denke, bin ich sogar noch traurig.“

Der Magier setzte zur Erläuterung an:
„Und wie hat das Verschwenden all dieser negativen Energie nun dazu beigetragen, dass das Problem gelöst wird? Alles was du tust hat eine Wirkung auf dich und auf deine Umwelt mein junger Freund. Und andersherum ist es genauso. Was andere tun wird eine Wirkung auf sie haben und auf ihre Umwelt, zu der du auch gehören kannst. Wir müssen einfach akzeptieren, dass unsere Reaktionen Wirkungen auf uns und unsere Umwelt haben. Es ist einfach so, dass nicht alles so läuft, wie wir es wünschen, aber wir müssen einfach die Verantwortung für uns selbst übernehmen.“

Der Zauberlehrling wirkte ein wenig ratlos als er schließlich anmerkte:
„Das klingt nicht so leicht, aber es macht Sinn, denke ich.“

Der Magier hatte noch ein paar aufmunternde Worte für ihn übrig:
„Am Anfang ist es schwer. Aber das ist es immer am Anfang, nichts beginnt leicht. Nach einer Weile jedoch wirst du feststellen, dass es etwas Befreiendes hat je mehr Verantwortung du für dich selbst übernimmst.“

Sie haben sich nach diesen kurzen Einheiten bereits ein wenig mit Ihrem Fokus, Ihren Handlungen und teilweise Ihren Emotionen beschäftigt. Sehr gut!

Bevor es weitergeht, hier zunächst ein wertvoller Tipp: Auch wenn Sie in Ihrem persönlichen Coaching-Programm ständig neuen Input und neue Aufgabenstellungen erhalten. Schauen Sie sich auch regelmäßig die bereits gelesenen und durchgeführten Fragen und Aufgaben an. Solange bis Sie diese als neue Gewohnheiten zu einem Teil Ihres Alltags gemacht haben. Nur dann garantieren Sie sich selbst dauerhafte und nachhaltige Veränderung!

Machen Sie sich klar, dass Erfolg nicht allgemein definiert ist, sondern vielmehr eine Richtung ist, die SIE wählen. Erfolg ist das Erreichen der eigenen Ziele!

Der nächste Schritt ist die Verinnerlichung einiger Prinzipien, die, wenn kontinuierlich und richtig angewandt, Ihr Leben, und damit Ihre Resultate, jeden Tag positiv beeinflussen können.

Bei keinem dieser Prinzipien behaupte ich, dass es wahr ist! Ob sie wahr sind oder nicht, überlasse ich Ihnen selbst zu entscheiden. Was ich jedoch herausgefunden habe, bei mir selbst und bei Menschen, die ebenfalls nach diesen Prinzipien handeln: Wenn Sie so tun, als seien diese Prinzipien und Annahmen wahr, steigern Sie Ihre eigene Effektivität und Ihre Resultate beträchtlich. Für den Verlauf dieses Coaching-Programms gilt dies ebenso!

Integrieren Sie die folgenden Vorschläge einfach in Ihren Alltag – und lassen Sie sich überraschen!

„Wer keine Ausdauer hat bei Kleinigkeiten, dem misslingt der große Plan."
Chinesische Weisheit

Prinzip Nr. 1:
Es gibt kein Versagen – nur Feedback, Informationen und Resultate!

Viele Menschen haben Angst davor zu versagen und unternehmen allein deshalb schon keine weiteren Versuche mehr, etwas Bestimmtes zu erreichen.

Sollten Sie dies bislang auch so gehandhabt haben, bedenken Sie Folgendes: Die erfolgreichsten Menschen sind meist auch jene, die die meisten (und z.T. größten) Misserfolge hatten. Und genau deshalb sind sie auch so erfolgreich. Die Kunst dabei ist, aus Misserfolgen die richtigen Schlüsse zu ziehen und einmal mehr aufzustehen als sie umgefallen sind.

Sie erzielen stets Resultate. Ob es gewünschte Resultate sind oder nicht, ist eine andere Frage. Und solange SIE das Resultat nicht als Versagen abstempeln, ist es lediglich ein Resultat. Es liegt an Ihnen, was Sie damit tun. Sie können sich selbst beschuldigen oder fertig machen - oder aber Sie nehmen die wichtigen Informationen mit und nutzen sie für die Zukunft, um gerade damit andere und bessere Resultate zu erzielen.

Ihre eigene Wahrnehmung entscheidet, wie Sie die Welt sehen. Es ist Ihre Welt, nicht DIE Welt. Sie leben Ihr Leben, treffen Ihre Entscheidungen und tragen Ihre Konsequenzen. Jeder kann für sich selbst wählen, wie er die Welt sieht. Natürlich kann man nicht alles rosarot sehen und dann enttäuscht sein, wenn andere Menschen (der Welt da draußen) nicht entsprechend reagieren. Im Grund genommen könnte man sagen: Ich entscheide, wie ich die Welt sehe und die Welt zeigt mir anhand meiner Resultate, ob ich realistisch liege oder nicht.

Klar, ich kann „sehen", dass ich bei der nächsten Weltmeisterschaft im Finale das entscheidende Tor erziele. Wenn ich aber überhaupt nicht aktiv Fussball spiele und 48 Jahre alt bin, wird mir die Welt „da draußen" zeigen, dass meine Sicht der Dinge wirklich exklusiv mir gehört :-)

Bin ich allerdings in einem bestimmten Bereich aktiv und erziele schon Resultate und mache weiter und „sehe" noch mehr Dinge, dann ist das Feedback ein anderes und zeigt mir womöglich, dass ich diesen Pfad noch weiter gehen kann.

Prinzip Nr. 2:
Ursache & Wirkung

Gehören Sie zu den Menschen, die die Ursache für die Dinge in Ihrem Leben sind oder sehen Sie sich als Ergebnis der (äußeren) Umstände, die Ihnen widerfahren (Wirkung)?

Viele Menschen, die sich mit einer problematischen Situation konfrontiert sehen, neigen dazu, einen Grund oder eine Entschuldigung anzuführen, welche ein unerwünschtes Ergebnis zu erklären versuchen. Dieser Grund kommt in den meisten Fällen von außen. Gründe gibt es eine Menge: Andere Menschen, der Staat, mein Partner, die Kollegen, das Wetter... und so weiter und blablabla.

Erfolgsorientierte Menschen befinden sich immer auf der Ursachen-Seite der Gleichung. Sie konzentrieren sich auf Ergebnisse statt Entschuldigungen. Sie suchen nicht nach Gründen für einen Misserfolg, sondern nach Lösungen und Alternativen. Sie versuchen zu entdecken, wie sie selbst zu diesem Resultat beigetragen haben, denn sie wissen: DAS können sie verändern, alles andere nicht. Es ist, zugegeben, nicht die süßeste Medizin, die es da manchmal zu schlucken gilt. Aber Medizin soll ja auch nicht süß schmecken sondern helfen.

Dies kann unter anderem durch eine Veränderung der Denkweise erzielt werden. Laut den Erkenntnissen der Quantenphysik führt eine Änderung der Denkweise IMMER zu einer Veränderung der subjektiven Realität, welche für uns alle die „normale" Realität widerspiegelt. Folglich bewirkt dieser Prozess der veränderten Denkweise sprichwörtlich eine Veränderung der (eigenen) Welt!

Prinzip Nr. 3:
Ausstrahlung = Anziehung

Haben Sie schon einmal davon gehört, dass die äußere Welt ein Spiegelbild der inneren Welt darstellt? Esoterisch sagen Sie? Mitnichten! Kennen Sie die Situation, in der Sie und ein Freund dieselbe Sache betrachtet haben aber völlig unterschiedliche Dinge sahen? Das liegt an unserem bewussten und unbewussten Filtersystem, das bestimmt, welchen Informationen wir Einlass gewähren und welchen nicht. Die primären Informationen, die wir verarbeiten kreieren unser Weltbild. Und unser persönliches Weltbild bestimmt wiederum wie wir uns fühlen, darstellen und verhalten. Das erklärt unsere individuellen Persönlichkeiten.

Aus der Ausstrahlung dieses inneren Weltbilds entsteht die Anziehung unserer bestimmten Lebensumstände. Kennen Sie das: Sie fühlen sich schlecht und es scheint als hätte sich die Welt gegen Sie verschworen? Umgekehrt: Sie fühlen sich unbesiegbar und erfüllt und alles scheint Ihnen zuzufliegen?

Für die effektive und optimale Nutzung dieses Prinzips ist es also notwendig an unserem inneren In- sowie Output zu arbeiten. Durch die Veränderung des inneren Weltbilds können Sie demnach das äußere beeinflussen.

Hier ein Bild dazu:

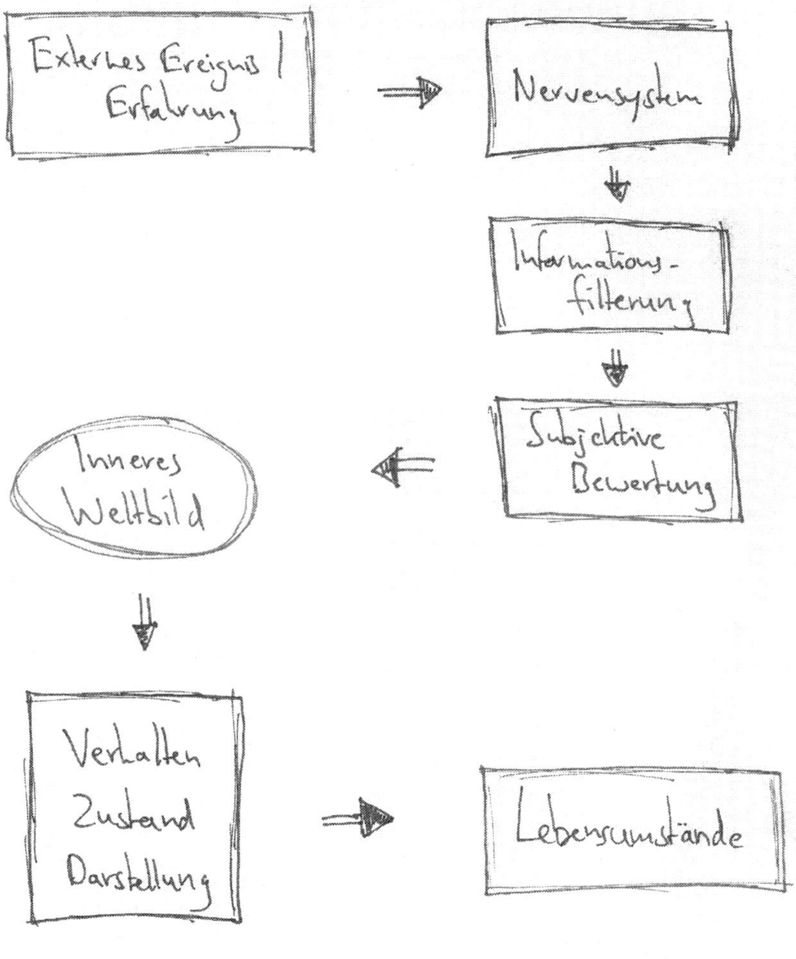

Prinzip Nr. 4:
Die Bedeutung kleiner Dinge

Sicherlich haben Sie schon einmal jemanden sagen hören: „Kleine Dinge bedeuten eine Menge." Nun, kleine Dinge bedeuten nicht eine Menge, sie bedeuten ALLES.

Kleine Dinge, dauerhaft und strategisch clever ausgeführt, haben große Auswirkungen. Überlegen Sie mal. Kleine Dinge wie Pünktlichkeit, ein „Dankeschön" im richtigen Moment oder passende Schuhe zum Outfit. Alles so genannte Kleinigkeiten.

Aber eine Minute zu spät zur Prüfung erscheinen, den Bericht dem Chef wenige Augenblicke nach der vereinbarten Zeit zu übergeben oder dunkelblaue Socken zu einem schwarzen Anzug zu tragen machen Eindruck – und zwar keinen guten!

Eine gut funktionierende Beziehung ist nicht gut, weil Sie einmal an Weihnachten mehrere hundert Euro in ein Geschenk investieren. Sie ist gut, weil Sie ständig für Ihren Partner da sind und scheinbar kleine Dinge wie „Ich bin da, wenn du mich brauchst." sagen und durch Ihr Verhalten zeigen.

Dieses Prinzip besitzt in allen Lebensbereichen Gültigkeit. Sie bekommen keinen Lungenkrebs, weil sie einmal über die Stränge geschlagen haben und drei Packungen Zigaretten bei einer Party rauchten. Menschen erleiden Lungenkrebs, weil Sie jeden Tag eine bestimmte Anzahl (diese kann durchaus klein sein) Zigaretten geraucht haben.

15 Minuten entsprechen 1,04% des gesamten Tages, eine Kleinigkeit. Aufaddiert ergibt diese Kleinigkeit pro Jahr eine Summe von 91,25 Stunden! Was würden Sie mit zusätzlichen 91 Stunden Zeit machen, um sich selbst in einem bestimmten Bereich weiter zu entwickeln oder zu verbessern?

Kleinigkeiten haben große Bedeutung! Achten Sie auf Kleinigkeiten und verändern Sie so das große Ganze.

„Der Mann, der den Berg abtrug, war derselbe, der anfing, kleine Steine wegzutragen." Chinesische Weisheit

Jemand hat mal gesagt: Wenn Sie Ihrem Schicksal einen Schritt entgegengehen, dann geht Ihr Schicksal Ihnen 1000 Schritte entgegen. Wenn diese Aussage wahr ist, warum gehen so wenige Menschen diesen Schritt?

Es gibt eine Reihe von Antworten, meist jedoch hört man Gründe, die auf Angst vor dem Ungewissen oder Gewohnheit zurückgehen. Schlimmer wird es wenn der Grund folgender ist: Zeit. Zeit? Keine Zeit der eigenen Bestimmung, der Realisierung der eigenen Ziele nachzugehen? Das ist traurig...

Lassen Sie mich Ihnen eine Sache erläutern, der das Ursache-Wirkung-Prinzip zu Grunde liegt. Ein einfacher und logischer Fakt, den die meisten Menschen jedoch nicht bereit sind anzuerkennen:

SIE haben die Verantwortung für Ihr Leben und Ihre Resultate!

Achten Sie mal darauf, wie häufig Menschen (oder vielleicht auch Sie selbst bis zu diesem Zeitpunkt) die Verantwortung für Geschehenes von sich selbst auf andere Personen, Umstände oder Situationen schieben.

Diese Entschuldigungen mögen durchaus Gültigkeit besitzen, aber am Ende stehen SIE ohne wünschenswertes Ergebnis da:
Ja, der Wecker hat nicht geklingelt. Ja, der Bus ist Ihnen vor der Nase weggefahren. Ja, der Verkehr war enorm heute. Aber wenn Sie zu spät am Flughafen ankommen, ist der Flieger weg und SIE stehen da und haben die Probleme, ganz egal, wie gut Ihre Erklärungen, Gründe oder Entschuldigungen sind.

Stellen Sie sich mal vor, dass das ein Leben lang so geht. Am Ende Ihres Lebens blicken Sie zurück und haben für alle Umstände Ihres Lebens hervorragende Erklärungen, die auch alle Sinn machen. Aber haben Sie das Leben gelebt welches Sie sich ausgemalt hatten, als Sie klein waren? Das ist die einzig entscheidende Frage! Je mehr Sie die Verantwortung zu übernehmen bereit sind, desto mehr werden Sie Herr Ihrer Lage und gewinnen die Kontrolle (ja, Kontrolle mag eine Illusion sein, aber so philosophisch werden wir hier nicht). Das Ganze gilt für alles Negative wie auch Positive.

Ein weiteres Beispiel:
„Ich fühle mich wertlos weil mein Chef mich zusammengestaucht hat." Keine besonders nette Aktion, aber es soll vorkommen. Wenn Sie in dieser Situation den Chef als Grund für Ihr Empfinden der Wertlosigkeit anführen, sind Sie ziemlich machtlos.

Ihr Selbstwertgefühl steht in direkter Verbindung zu den Launen des Chefs. Somit sind Sie davon abhängig, dass er Sie moralisch wieder aufpeppt, um Selbstwert zu erlangen.

Keine beneidenswerte Situation, oder?
Erkennen Sie stattdessen, dass SIE dafür verantwortlich sind, wie Sie sich fühlen und welcher Umstand Sie wie beeinflusst.

Dieser Grad der Eigenverantwortung mag Sie vielleicht ein wenig erschrecken, aber überlegen Sie mal: Setzen Sie es mit aller Konsequenz um, dann wissen Sie, dass SIE für alle Resultate in Ihrem Leben verantwortlich sind. Das gibt Ihnen die alleinige Macht über sich selbst und Ihr emotionaler Zustand ist nicht mehr abhängig von äußeren Einflüssen.

Als Beispiel hier in der Kurzfassung die Geschichte des Multimilliardärs Donald Trump.

In den 1980er Jahren verlor Trump sein komplettes Vermögen, welches er sich durch Immobiliengeschäfte erarbeitet hatte. Eines Tages lief er mit Marla Maples (seiner zweiten Frau) die Straßen von New York entlang und sah einen obdachlosen Menschen am Straßenrand. Und Trump sagte: *„Schau mal. Wusstest du, dass dieser Mann 180 Millionen Dollar mehr wert ist als ich?"* Verwundert sah Marla Maples ihn an. Und er fügte hinzu: *„Lass uns annehmen, dass er Nichts besitzt, Null. Ich bin minus 180 Millionen wert..."* Was Donald Trump zu diesem Zeitpunkt von anderen unterschied, war der Blickwinkel der Verantwortung. Er schaffte es nicht nur seine Schulden abzubauen, sondern stieg zu einem der reichsten und einflussreichsten Männer der USA auf. Er wurde vom Millionär zum Milliardär. Jedoch schob er zu keinem Zeitpunkt die Verantwortung für seinen persönlichen Misserfolg auf die damalige Wirtschaftsrezession zurück. Er betonte stets (auch damals!), dass ER es war, der seine Geschäfte anders machte als sonst. ER habe seinen Fokus auf andere Dinge gerichtet und nicht so gearbeitet, wie er es gewöhnlicherweise tat. Mit derselben Eigenverantwortung änderte er diesen Fokus wieder und besitzt heute ein Milliardenvermögen.

Erkennen Sie, dass nur Sie die Verantwortung für Ihre Erfolge und temporären Misserfolge tragen – keine anderen Personen, keine Umstände und sonstige Faktoren. Es gibt unzählige Beispiele für Erfolge in sämtlichen Lebenslagen. Auch wenn es hier um Geld und Reichtum ging, es ähnliche Erfolgsgeschichten in JEDEM anderen Lebensbereich - in Mengen!

Es müssen auch nicht gleich Wunderdinge vollbracht werden. Gehen Sie dabei einen Schritt nach dem anderen und in einem Tempo, welches Ihnen zusagt und in dem Sie sich wohlfühlen (vorausgesetzt es sind keine zeitlichen Rahmenbedingungen gesetzt).

Das Thema der Selbstverantwortung, der Ursachen-Seite, ist nicht neu. Dennoch liegt hier der erste Schritt zur wirklichen, aktiven, selbstgesteuerten Veränderung. Dies zu akzeptieren und anschließend auch umzusetzen ist nicht immer leicht. Die Ergebnisse und Einsichten, die es mit sich bringt, sind jedoch unbezahlbar!

Als ich dieses Prinzip 2005 zum ersten Mal in dieser Form hörte, wurde mir gleichzeitig gesagt, dass ca. 1% der Personen danach wirklich leben. Diese Zahl blieb mir im Kopf und ich beobachtete es fortan in meiner Arbeit und in meinem Privatleben. Ich achte auf Handlungen und auch auf Formulierungen, die andere so verwenden. Ich dachte, dass 1% zu niedrig angesetzt wäre. Ich habe beobachtet, dass es sogar noch weniger sind. Häufig winken Menschen ab mit *„Kenne ich, mache ich sowieso."* usw. Aber sie tun es nicht wirklich. Denn wenn dann doch etwas nicht wie gewünscht läuft kommen die Erklärungen.

Und noch etwas: Ich kenne niemanden (mich selbst natürlich eingeschlossen), der immer auf der Ursachen-Seite ist. Perfekt ist keiner. Was wir in verschiedenen Situationen machen und wie wir uns entscheiden, das macht den Unterschied. Das Maß an Selbstverantwortung wählt jeder für sich allein.

„Wissen ist nicht genug, wir müssen es anwenden. Wollen ist nicht genug, wir müssen handeln." **Johann Wolfgang von Goethe**

JETZT SIND SIE DRAN:

Prinzip Nr. 1 - Ursache und Wirkung:

In diesem Teil geht es um die praktische Anwendung des Prinzips von Ursache und Wirkung.

Wie bereits erwähnt ist das Prinzip an sich leicht zu verstehen. Die Umsetzung ist z.T. eine richtige Herausforderung, da es nicht immer einfach ist die Verantwortung zu übernehmen bei Dingen, die uns persönlich betreffen und emotional berühren. Das Eingestehen eigenen Unvermögens, einer falschen Entscheidung, unglücklichen Einschätzungen oder das Erkennen einfach falsch zu liegen bedeuten mitunter die größten menschlichen Herausforderungen auf allen Ebenen.

Menschen, die es zu einem hohen Grad geschafft haben sich Ihrer Verantwortung anzunehmen, fühlen sich „frei" und agieren zielorientiert, direkt und sind flexibel. Das bezieht sich auf ihr Verhalten und zahlreiche andere mentale und emotionale Abläufe.

Führen Sie für einen Tag, der für Sie nicht gut lief (die Beurteilung dessen obliegt Ihnen selbst) die folgenden Fragen zusammen.

Ereignis mit Negativassoziation (schildern Sie eine für sich negative Situation):

.
.
.
.
.
.

Wie habe ich mich gefühlt (assoziierte Negativemotion)?

.
.
.
.
.
.
.

Auf welcher Seite stehe ich damit (Ursache / Wirkung)?

.
.
.
.
.
.
.
.

Wie kann ich mehr Verantwortung für meine Denkweise, mein Handeln und mein diesbzgl. Resultat übernehmen?

.
.
.
.
.
.
.
.

Wo ist Potential für einen anderen Ausgang der Situation bzw. wo wäre Potential gewesen?

.
.
.
.
.
.
.
.

Welche Lernerfahrung nehme ich für die Zukunft mit?

.
.
.
.
.
.

Prinzip Nr. 2 - Bedeutende Kleinigkeiten:

Kleinigkeiten haben über Zeit eine große Wirkung. Ähnlich wie Zinsen, egal ob im positiven oder negativen Sinn, einmalig keine große Wirkung haben. Aufaddiert über einen entsprechenden Zeitraum können Sie jemanden jedoch reich oder arm machen.

Kleinigkeiten sind Zahlenspiele. Zehn Minuten Klavierspielen pro Tag macht für einen Tag keinen großen Unterschied. Auf ein Jahr gerechnet machen 3650 Minuten (oder ca. 60 Stunden) jedoch einen spürbaren Unterschied. Auf mehrere Jahre verteilt...

Beginnen Sie diesen Teil mit der Auflistung von für Sie nervigen Kleinigkeiten, die Sie gern ändern würden und folgen Sie dann einfach den jeweiligen Fragen. Natürlich ist darauf zu achten, dass nur Kleinigkeiten gewählt werden, die anderen und Ihnen selbst in keiner Weise schaden.

Kleinigkeiten, die mich nerven (an mir):

.
.
.
.
.
.
.
.
.

Durch welche andere Kleinigkeit(en) könnte ich diese ersetzen?

.
.
.
.
.
.
.
.
.

Was wäre das positive Resultat bei täglicher Umsetzung?

.
.
.
.
.
.
.
.
.
.
.
.
.
.
.
.
.
.
.
.
.
.
.
.
.
.
.
.
.
.
.
.
.
.
.
.
.
.
.

Selbstentdeckung - Der Weg zur Freiheit

„Selbst wenn Sie auf dem richtigen Weg sind, werden Sie überfahren, wenn Sie lediglich dort sitzen." **Will Rogers**

Willkommen zur Selbstentdeckung - so richtig geht es jetzt eigentlich erst los.

Worum es hier zunächst einmal geht ist die Ermittlung eines Vorher-Bildes. Natürlich geht es letztlich um einen Durchbruch in einem von Ihnen gewähltem Bereich und um das Erreichen eines bestimmten Ziels. Nicht wenige Menschen beginnen voller Eifer und stürzen sich voller Elan und Energie in das Erreichen eines bestimmten Ziels und haben doch eine Menge Schwierigkeiten voran zu kommen. Häufig weil sie einen wichtigen Punkt übersehen:

Obwohl sie wissen wohin sie möchten wissen sie nicht wo sie sich eigentlich gegenwärtig befinden. Und das ist wichtig! Wenn Sie nach Berlin reisen möchten und alles darüber wissen, aber nicht wo Sie gerade sind, dann werden Sie auch nicht dort ankommen, egal wie gut Ihr Plan auch sein mag.

Es geht in diesem Teil also unter anderem, um die Bestimmung des Vorher-Bildes oder des Ist-Zustands, um dann genau die richtigen Schritte zu unternehmen, die gewünschte Veränderung auch zu erreichen.

Leitlinie: Wahrnehmung ist Projektion

Wichtig ist zu jedem Zeitpunkt, dass Sie die Kontrolle über Ihre Veränderung behalten.

Die Frage, die sich stellt, lautet: Wie ermächtigt man jemanden zu tun, die Veränderungen zu erreichen, die er möchte?

Hier kommt das Konzept von *Wahrnehmung ist Projektion* ins Spiel. Carl Jung, ein sehr bekannter Schüler von Sigmund Freud, war ein großer Fan dieses Konzeptes. Es besagt, dass man nichts außerhalb von sich selbst sehen kann was man nicht auch selber ist. So wie Innen, so auch Außen könnte man sagen.

Der ungarische Psychologie-Professor Mihaly Csikszentmihalyi (versuchen Sie das mal auf Anhieb richtig auszusprechen!) beschreibt in seinem Buch „Flow", dass pro Sekunde ca. 2.000.000 bits an Informationen auf das menschliche Nervensystem einströmen (über die fünf Sinne).

Diese 2.000.000 Bits werden von unserem Nervensystem gefiltert, da die Menge ungefiltert von uns gar nicht verarbeitet werden könnte.

Wir nehmen ca. 7 +- 2 Teile davon auf, was ca. 134 Bits entspricht. Der Rest wird gestrichen und gelangt nicht in unser (Unter-) Bewusstsein.

Machen Sie sich diese Größenverhältnisse einmal voll und ganz bewusst: Wir nehmen jede Sekunde 134 von 2.000.000 Stückchen an verfügbaren Informationen auf. Das entspricht ca. 0,01 %!

Wir lassen also den größten Teil der Menge, die auf uns einströmt aus und können diese Informationen gar nicht für uns nutzen. Die gute Nachricht: Wir haben einen direkten Einfluss darauf welche 7 +- 2 Teile dieser Menge wir verwenden.

Aufnahme von Informationen durch das menschliche Nervensystem pro Sekunde:

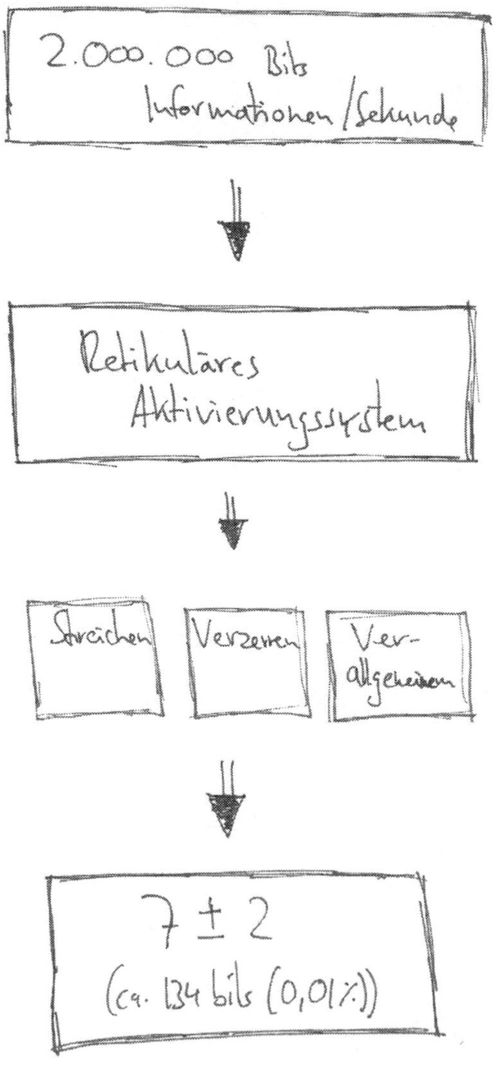

Es ist erstaunlich wie viel Informationen wir pro Sekunde (!) eigentlich aus- bzw. liegen- und damit letztlich ungenutzt lassen.

Interessant ist, dass wir so programmiert sind, dass wir stets dieselben Informationen auslassen.

Es gibt Menschen, die z.B. sehr viel Positives an einem Problem sehen und sofort sich bietende Möglichkeiten entdecken und Strategien entwickeln, die es Ihnen dann erlauben aus einer „schwierigen" Situation gestärkt herauszugehen.

Auf der anderen Seite gibt es Personen, die bei allem und jedem nur das Schlechte sehen und daraus dann eine ziemlich negative Grundhaltung entwickeln (Sie kennen diese Personen in Ihrem Umkreis mit Sicherheit).

Die Voraussetzungen sind für beide jedoch gleich, nur filtern sie die vorhandenen Informationen aufgrund unterschiedlicher Konditionierung anders und haben deshalb eine ganz unterschiedliche Erfahrung bestimmter, gleicher Situationen. Die Lebensqualität, die Sie erfahren hängt also ganz stark davon ab wie diese Filter eingesetzt und genutzt werden.

Obwohl diese Filter unterbewusst sind heißt das nicht, dass man keinen Einfluss darauf nehmen könnte. Wenn Sie darüber Bescheid wissen was Sie filtern und wie, dann können Sie dies so verändern, dass es Ihrem gewünschten Ziel entspricht.

Unter anderem dafür ist die Erstellung eines Vorher-Bildes oder Ist-Zustands wichtig.

Worauf ist IHRE Suchmaschine ausgerichtet?

Wie viele Informationen gibt es im WorldWideWeb? Die Antwort dürfte ins Unendliche gehen, es ist eine unvorstellbare Menge an Informationen (und es wird täglich mehr). Das Filtern der Informationen über unser Nervensystem kann mit dem Prinzip einer Suchmaschine wie Google verglichen werden.

Wenn man z.B. unterbewusst das Wort „Durchschnitt" in seiner Suchmaschine eingegeben hat wird alles andere automatisch gelöscht. Und wenn man nicht weiß wie Computer funktionierten, dann glaubt man nach Eingabe eines Suchbegriffs, dass die Ergebnisliste (in diesem Fall „Durchschnitt" in seiner vielfältigsten Form) alles ist was existiert.

Da dieser Prozess unterbewusst abläuft ist man sich der Ursachen für die (in diesem Fall durchschnittlichen) Resultate gar nicht bewusst. Folglich weiß man auch nicht wie und was man verändern kann und soll, um andere Ergebnisse zu erzielen.
Sie gehen zu bestimmten Zeiten mit bestimmten „Schlüsselworten" durch Ihr Leben, ähnlich wie die Eingaben bei einer Suchmaschine. Worum es jetzt geht ist die Eingaben in die Suchmaschine so zu verändern, dass diese Ihnen helfen die gewünschte(n) Veränderung(en) auch zu bewältigen.

Dieses Suchmaschinen-Prinzip erläutert ein weiteres Prinzip sehr gut: Wonach wir schauen bzw. worauf wir unsere Aufmerksamkeit legen, ist das wonach wir unsere Handlungen ausrichten und dadurch dann letztlich auch bekommen.

Dazu folgende kurze Metapher: Ein Bekannter von mir wollte sich mal ein Auto kaufen, welches er im Ausland „zufällig" entdeckte. Als er sich für dieses Auto entschieden hatte und sein Fokus darauf ausgerichtet war, sah er dieses, zuvor unbekannte, Auto auf einmal überall. Frage: Gab es das Auto schon vorher?

Und die Antwort: Natürlich, nur waren die Aufmerksamkeit bzw. die Filter meines Bekannten nicht auf dieses Auto eingestellt, weil er die Information dafür vorher einfach gelöscht hatte. Als er seine Filter (und damit seine Aufmerksamkeit) veränderte sah er es auf einmal überall.

Filter = Fokus = Was wir im Leben erfahren

Sie können es auch so betrachten. Stellen Sie sich vor, dass Ihr gesamtes Leben ein dunkler Raum ist. In einer Ecke befindet sich Reichtum, in der anderen Armut, in einer befindet sich Krankheit und Sorgen und woanders wiederum Gesundheit und Optimismus usw.

Was Sie (gemäß Filter, Fokus und Unterbewusstsein) zur Verfügung haben ist eine Taschenlampe oder eine Kerze. Die Erfahrung, die Sie nun im Leben machen hängt ganz vom Ausrichten Ihrer Taschenlampe ab. Die Möglichkeiten sind überall in Hülle und Fülle vorhanden, aber die Verantwortung für die Nutzung und das Ausrichten der Taschenlampe liegt bei jedem selbst. Leuchten Sie nur eine (bekannte) Ecke aus oder gehen Sie auch in unbekannte Ecken, um zu entdecken was dort so alles ist?

Die besondere Herausforderung liegt darin, dass ca. 95% der Treiber Ihres Verhaltens unterbewusst sind. Und die entscheidende(n) Frage(n) lauten nun: Wie steuert man sie oder wie kann man diese Steuerung trainieren?

Wahrnehmung = Projektion

Das was Sie um sich herum wahrnehmen, ist ein Spiegelbild dessen, was Sie in Ihrem dunklen Raum beleuchten.

Und was man darin beleuchtet, projiziert man dann letztlich nach außen – genau wie bei einem Spiegel. In diesem Fall zwischen Bewusstsein und Unterbewusstsein.

Carl Jung sagte, dass wir beziehungstechnisch z.B. dazu neigen unser Unterbewusstsein zu heiraten und unsere inneren, ungelösten, eigenen Problemfälle auf andere projizieren, z.B. in Partnerschaften. Wenn wir etwas bekommen, was wir nicht wirklich wollen, so sind wir also die Ursache dafür.

Aus dem Talmud kommt die Weisheit *„Wir sehen die Dinge nicht wie sie sind, sondern wie wir sind."*

Die Welt ändert sich stets durch den Beobachter. Die moderne Quantenphysik lehrt uns das und hat es in verschiedenen Experimenten belegt. Die Welt, in der wir leben, ist subjektiv.

Ein Konzept, welches Sie in diesem Zusammenhang ebenfalls verwenden können, ist das Ursache/Wirkung Prinzip aus dem vorherigen Teil.

„Wir sehen die Dinge nicht wie sie sind, sondern wie wir sind." **Talmud**

Dies ist nicht die Wahrheit!

Vergessen Sie bitte nicht, dass diese Prinzipien wie z.B. Ursache und Wirkung nicht zwingend wahr sein müssen. Aber fragen Sie sich:

Welche Einstellung hilft Ihnen mehr? Was wahr, richtig und real ist, bestimmen Sie in Bezug auf sich, Ihre Möglichkeiten und Ressourcen selbst. Die Frage, die Sie sich stellen können ist: Was glaube ich, ist in Bezug auf mich wahr, richtig und real? Dass ich Möglichkeiten habe, auch wenn sie nicht leicht scheinen oder das der Fall hoffnungslos ist? Sie entscheiden…

Ob neben Ihren Füßen ein giftiger Skorpion entlang krabbelt oder ob Sie nur *glauben,* dass dort ein Skorpion ist – Ihre Reaktion ist dieselbe. Das woran Sie glauben und wovon Sie überzeugt sind, bestimmt Ihre Handlungen fortlaufend. Und Ihre Handlungen bestimmen Ihre Ergebnisse.

Nutzen Sie das Ursache & Wirkung Prinzip jedoch niemals negativ!

Fragen Sie sich selbst nicht: *Warum habe ich das kreiert?*

Damit passiert es nur allzu häufig, dass man sich selbst fertig macht und in eine Negativspirale begibt.

Fragen Sie sich stattdessen: *Wie habe ich es kreiert und was möchte ich stattdessen kreieren?*

Es geht dabei um eine Art **energetische Übereinstimmung mit den eigenen Werten und Überzeugungen**.

Entwickeln Sie den Willen sich selbst in einer problematischen Situation bis zum Extrem herauszufordern. Vielleicht wählen wir aus irgendeinem Grund auf einem höheren Level genau die Situation in der wir uns gerade befinden.

Ich werde nicht selten gefragt: *„Glaubst du all das wirklich was du da erzählst und lebst du auch danach?"*

Bereits bekannt und klar ist, dass die eigenen Überzeugungen den entscheidenden Anteil daran haben wie wir etwas erleben und wie sie unsere Handlungen beeinflussen. Durch die genannten Annahmen entsteht ein automatisierter Prozess, der uns hilft uns weiter zu entwickeln und (ganz wichtig!) die Vergangenheit anders zu sehen und daraus zu lernen etc.

Sie kennen es aus Ihrem Bekanntenkreis und wahrscheinlich auch von sich selbst. Negative Erfahrungen aus der Vergangenheit beschäftigen uns häufig noch in der Gegenwart. Allerdings nicht wirklich produktiv, sondern eher negativ. Durch den angesprochenen Prozess sind wir in der Lage Vergangenes anders zu beurteilen, um unsere Einstellung und Überzeugung entscheidend zu verändern – der erste Schritt auf dem Weg zum persönlichen Durchbruch!

Sie sind verantwortlich für Ihre Resultate!
Entweder durch Handlungen ODER das Unterlassen von Handlungen

Nach demselben Prinzip gestaltete Milton Erickson seine sehr beeindruckenden und erfolgreichen Hypnosen. Er verwendete alles was „unterwegs" oder zwischendurch passierte und baute es in den laufenden Prozess mit ein. Er nannte es die „Utilization-method" (Die Verwendungs-Methode).

Wenn z.B. eine Tür knarrte währende der Hypnose verwendet er es… *„Vielleicht können Sie sich vorstellen wie sich bestimmte Türen in Ihrem Leben öffnen und andere schließen…"* Ein Teil seiner geheimnisvollen und effektiven Methoden war dieses Prinzip.

Nehmen Sie was Ihnen „passiert" und verwenden Sie es zu Ihrem Vorteil im Laufenden Prozess. Das hat etwas wirklich effektives und wird von sehr, sehr wenigen Menschen nur wirklich genutzt. Die meisten lassen sich aus dem Konzept bringen, reagieren emotional o.ä.

„In unseren dunkelsten Stunden müssen wir uns darauf fokussieren das Licht zu sehen." **Aristoteles**

Noch ein paar Gedanken zum Thema FOKUS. Dieses Thema ist einfach SO wichtig. William James, der „Vater der modernen Psychologie" sagte, dass Fokus alles sei. Dass er bestimmte was in unserer inneren Welt passiert.

Denkbeispiel

Lassen Sie einmal folgendes Konzept durch Ihren Kopf kreisen:

Sie können nicht denken, woran Sie nicht denken wollen ohne daran zu denken... Denken sie einmal darüber nach.

Es ist nicht möglich bewusst an etwas NICHT zu denken. Wenn ich zu Ihnen sage *Denken Sie jetzt auf keinen Fall an einen blauen Elefanten.* Woran denken Sie? Natürlich an einen blauen Elefanten.

Es ist also nicht möglich nicht an etwas zu denken, woran Sie nicht denken wollen ohne daran zu denken. Sie können den blauen Elefanten vor Ihrem geistigen Auge streichen, allerdings erste NACHDEM Sie ihn sich vorgestellt haben. Es ist also bestenfalls ein Zwei-Schritte-Vorgang. So oder so, der blaue Elefant ist da.

Lenken Sie Ihren Fokus immer nur auf EINE Sache gleichzeitig

Außerdem ist es wichtig, dass Sie zu einer bestimmten Zeit Ihren Fokus immer nur auf eine Sache legen und nicht auf mehrere Dinge gleichzeitig verteilen. Stephen Covey, Autor des Weltbestsellers *„Die 7 Wege zur Effektivität"* hat ermittelt, dass unsere Aufmerksamkeit drastisch abnimmt, sobald wir sie auf mehrere Dinge gleichzeitig versuchen zu verteilen. Und selbst wenn Sie Ihre volle Aufmerksamkeit auf eine einzige Sache richten, so liegt die Wahrscheinlichkeit des Erreichens dieses Vorhabens laut Covey bei ca. 80%.

Bei zwei Zielen gleichzeitig liegt die Wahrscheinlichkeit noch bei 64% und bei fünf gleichzeitigen Zielen lediglich noch bei ca. 33%. Diese Zahlen sind aus Stephen Covey erfolgreichem Audio-Lern-Programm *Die 4 Disziplinen der Ausführung.*

Die Ausrichtung Ihres Fokus ist also von entscheidender Bedeutung und im selben Atemzug ist die Konzentration auf ein Ziel „gleichzeitig" wichtig. Bzgl. des Fokus geht es natürlich auch um den Inhalt dieses Fokus.

Mal angenommen Sie sind Verkäufer und Ihr erklärtes Ziel ist es natürlich Ihr Produkt an den Mann zu bringen. Mit welchen Gedanken gehen Sie in den Verkauf bzw. das Verkaufsgespräch?

Nicht wenige Verkäufer denken u.a.

Bloß nicht den Verkauf versauen...
Nur nicht nervös werden und dabei angespannt wirken...
Zeige deinem Kunden nicht, dass du Angst hast

Wo liegt in diesen Beispielen der Fokus wirklich? Am Beispiel mit dem blauen Elefanten konnten Sie eben selbst erleben, dass unser Gehirn negative Formulierungen so nicht verarbeiten kann.

Wenn Sie also jeweils das Wort „nicht" aus den Beispielsätzen streichen, dann wird schnell klar wo die tatsächliche Aufmerksamkeit liegt. Und bei einer Fokus-Ausrichtung wie dieser... wie hoch schätzen Sie die Erfolgsaussichten ein? Sie werden auf keinen Fall steigen.

Und das ist natürlich nicht das einzige Beispiel. Folgende Sätze sind Klassiker des Sich-Einredens:

Bloß nicht nervös werden
Jetzt nicht an... denken
Und was ist wenn ... passiert?
Ihr Fokus ist enorm wichtig. Vergessen Sie nicht, Sie haben lediglich 7+/- 2 Einheiten an Informationen, die Sie aufnehmen bzw. 134 von 2.000.000. Viele negative Erfahrungen aus dem täglichen Leben beginnen mit dem Fokus im Kopf.

Das Zweifeln an oder gar Scheitern einer Beziehung beginnt nicht selten mit den Gedanken *Hoffentlich verlässt er/sie mich nicht.* Menschen, die wiederholt versuchen abzunehmen und immer wieder den berüchtigten Jojo-Effekt erleben fokussieren sich immer wieder auf die Dinge, die sie NICHT essen dürfen, bevor sie dann tatsächlich einbrechen.

Häufig gibt es Zweifel daran, ob man seinen Job sicher hat bevor eines Tages tatsächlich die Kündigung auf dem Tisch liegt.

Es gibt zahlreiche Beispiele aus allen Bereichen des Lebens, die dieses einfache Prinzip wieder und wieder bestätigen. Merken Sie sich einfach:

Sie können nicht denken, woran Sie nicht denken wollen ohne daran zu denken... Denken Sie immer daran ;-)

Der Fokus sollte also auf den Dingen liegen, die man möchte und auf wirklich Nichts anderem. Genau das gibt Ihnen eine Art von Kontrolle über den eigenen Zustand.

Bestandteile Ihres Fokus

Nachdem nun so viele zahlreiche Beispiele über den Fokus und dessen Wichtigkeit genannt wurden, sind hier die Bestandteile.

Ihren Fokus können Sie kontrollieren und ausrichten über die 5 Sinne.

Bei den fünf Sinnen ist das Visuelle am stärksten ausgeprägt bei den meisten Menschen. Konzentriert man diesen Sinn auf ein bestimmtes Ziel kann man beispielsweise Visualisieren, ein Konzept von dem Sie vielleicht schon gehört haben. Dazu später mehr.

Wie können Sie die Kraft der 5 Sinne optimal für sich nutzen? Durch Kombination mehrerer Sinne. Wenn Sie beispielsweise ein Ziel visualisieren und dabei noch ein (für Sie) motivierendes Lied hören, so haben Sie bereits 2 Sinne auf dieses Ziel fokussiert. Verbunden mit einem entsprechenden Gefühl / einer Emotion ist der Effekt noch einmal deutlich verstärkt. In Filmen wird diese Kombination hoch und runter genutzt. Sie kennen die Szenen aus den Rocky-Filmen, in denen er trainiert und dabei läuft natürlich eine motivierende Musik. Beim Fitnesskurs ist es genauso. Sie *sehen* den Trainer, *hören* ihn und die Musik und *spüren* die Anstrengung in Ihren Muskeln. Womöglich *riechen* Sie noch den künstlich eingestreuten Geruch im Raum oder den eigenen Schweiß... Sie sind auf jeden Fall voll dabei und motiviert. Dies ist kein Zufall!

Der Zusatzsinn – Das Selbstgespräch

Zu den 5 Sinnen kommt noch innere Dialog. Das sind die Dinge, die Sie in allen möglichen Situationen zu sich selbst sagen.

Was sagen Sie zu sich?
Was reden Sie sich ein?
Wie reden Sie mit sich?
Was sind die Worte, die Sie mit sich selbst verwenden?

Diese Fragen sind wichtig. Das Selbstgespräch macht einen großen Teil aus, da wir alle jeden Tag mit uns selbst „sprechen". Vielleicht nicht laut und verbal aber zumindest in Gedanken. Und diese Gedanken tragen zu Ihrer Einstellung und Ihrer grundsätzlichen Erfahrung, Ihren Emotionen und letztlich zu Ihren Handlungen und damit auch zu Ihren Resultaten bei.

Wir müssen also lernen alle diese Sinne (Geruch und Geschmack sind hierbei ein wenig außen vor) und die Selbstgespräche zu beherrschen.

„Wenn du dich auf Resultate allein fokussierst, wirst du dich niemals verändern. Wenn du dich auf die Veränderung fokussierst, so erzielst du Resultate." **Jack Dixon**

Die großen Superstars von heute, die Meister Ihres Fachs wie Warren Buffett, Robert de Niro, Michael Schumacher oder Madonna sind allesamt Meister des Fokus.

Ein Weltklasse-Stürmer denkt beim Elfmeter nicht *Hoffentlich geht er nicht daneben*. Diese Menschen sind in der Lage sich auf den Punkt genau auf Ihre Aufgabe zu konzentrieren, um ein entsprechend gutes Ergebnis zu liefern. Und genau das schaffen sie immer wieder und wieder bis am Ende ein entsprechend hervorragendes Ergebnis steht.

Und nach diesen ersten Einheiten können Sie mehr und mehr entdecken, dass keine Geheimnisse dahinter stecken sondern vielmehr der absolute Wille die genannten

Punkte (und mehr) wieder und wieder anzuwenden BIS sich der Erfolg einstellt. Denken Sie daran: Es ist alles unterbewusst! Es ist nicht immer leicht aber fragen Sie sich metaphorisch: Möchten Sie lieber im Sattel sitzen oder sich von anderen und vom Leben satteln lassen…?

Wie man (sich) Depressionen macht

Um das Prinzip der angewendeten Strategien ein wenig mehr zu untermauern, hier eine kurze Geschichte aus einem Coaching, welches ich einmal mit einer jungen Frau hatte.

Diese Frau klagte über Depressionen aufgrund der Beziehung zu ihrem Ehemann. Ich fragte sie wie sie es mache, denn eine Depression erfordert eine Menge Planung.

Sie sah mich etwas merkwürdig an. Sie hatte mit dieser Antwort bzw. Aufforderung nicht gerechnet. Also bat ich sie genauer darüber nachzudenken und eine typische Situation in ihrem Kopf aufzurufen. Ich bat sie den Film vor ihrem inneren Auge ein Stückchen zurück zu spulen. Sie lächelte und in der Situation war alles in Ordnung.

Ok, was passiert als nächstes? Sie entgegnete, dass ihr Mann sie ignoriere. Ich fragte woher sie das wisse bzw. wie sie das sagen könne.

„Ich sehe ihn und er ignoriert mich einfach." Ich fragte sie wie es denn weiterging. *„Als nächstes sage ich zu mir selbst, dass er mich nicht liebt."* (Selbstgespräch!) „Und danach sehe ich ihn wie er mich verlässt." (Visuell)

Ich verstand was sie mir sagen wollte und fragte weiter *„Und dann?"*
Die Frau antwortete: *„Und dann bekomme ich dieses wirklich merkwürdige und schwere Gefühl im Magen und fühle mich depressiv."*

Nun ja, würde ich machen was diese Frau gemacht hat würde ich mich wahrscheinlich auch depressiv fühlen.

Es sind alles Strategien, die wir wählen. In dem Fall der jungen Frau war es die Reihenfolge und die Wahl der Bilder in Ihrem Kopf, was sie sich selbst gesagt hat und das Gefühl welches sie im Magen entwickelte. Diese Sequenz führte bei ihr zu einem depressiven Gefühl. Und bei dieser „Strategie"... wie würde es Ihnen gehen wenn Sie es wirklich so meinten und empfinden würden wie diese Frau?

Genau diese Strategien – welcher Schritt auf welchen folgt – haben wir selbst in der Hand. Meist laufen sie unterbewusst ab, man kann sie jedoch verändern. Die Bilder vor dem inneren Auge, die Selbstgespräche bestimmen allein Sie.

Gute Neuigkeiten, oder?

Das Innere kontrollieren lernen

Sie sehen also, dass es vor allem darum geht diese inneren Vorgänge zu kontrollieren lernen und dabei andere Dinge gezielt auszuschließen. Dinge, die bislang unterbewusst mit dazu beigetragen haben, dass Sie eine gewünschte Veränderung noch nicht zum Abschluss bringen konnten.

„Es sind Entscheidungen – nicht Zufälle – sie entscheiden über dein Schicksal."
Jean Nidetch

Selbstvertrauen steigern - so gehts auf jeden Fall!

An dieser Stelle möchte ich Ihnen eine Technik zeigen mit der Sie Ihre Selbstvertrauen auf jeden Fall steigern werden.
Wenn Sie den Schritten tatsächlich folgen ist es unmöglich, dass Sie Ihr Selbstvertrauen nicht steigern.

In Coachings und Seminaren habe ich diese Technik schon oft gezeigt und erläutert. Die meisten haben sie nach einigen Tagen abgebrochen. Ich weiß nicht warum, aber: Der Wunsch nach mehr Selbstvertrauen war anscheinend nicht so hoch, denn diese Methode ist wirklich nicht schwer.

Dauer: 30 Tage
Zu diesen 30 Tagen gehören auch die Wochenenden. Wichtig ist hierbei, dass Sie wirklich 30 Tage am Stück dabei sind. Wahrscheinlich „spüren" Sie schon vorher eine Verbesserung. Machen Sie jedoch auf jeden Fall die 30 Tage voll.

Am besten legen Sie sich eine regelmäßige Zeit fest, um in einen Rhythmus zu kommen.
Am Morgen:
Jeden Morgen, idealerweise direkt nach dem Aufwachen oder Aufstehen, setzen Sie sich mit einem Blatt Papier und einem Stift hin und schreiben folgendes auf (auf dem Tablet oder dem Smartphone können Sie es natürlich auch machen): 5 Eigenschaften an sich, die Sie lieben. Das ist alles. Achten Sie darauf, dass Sie diese Eigenschaften wirklich lieben. Es geht nicht darum was andere an Ihnen toll finden. SIE müssen davon überzeugt sein. Sie müssen diese Liste auch mit keinem teilen. Sie tun dies allein für sich. Es ist also ganz egal, ob Sie aufschreiben, dass Sie an sich Ihre Hilfsbereitschaft lieben oder Ihre Fähigkeit besonders schnell Schuhe anziehen zu können.

Am Abend:
Jeden Abend, idealerweise direkt vor dem Schlafengehen, schreiben Sie auf, was Ihnen am vergangenen Tag besonders gut gefallen hat. Dies können Dinge sein, die Ihnen gut gelungen sind, die Ihnen ein Lächeln beschert haben oder die einfach positiv für Sie waren. Wieder ist egal was. Schreiben Sie bitte 10 Dinge auf.

Der Ablauf:
Sie steigern die Liste am Morgen jeden Tag um 1 weiteren Punkt. Am zweiten Tag schreiben Sie also 6 Dinge auf, am dritten Tag 7 usw. Klar ist natürlich, dass Sie jeden Tag eine neue Liste beginnen. Es kann passieren, dass sich Punkte wiederholen. Lernen Sie sie aber bitte nicht auswendig. Denken Sie daran. Sie wollen Ihr Selbstvertrauen steigern und nicht eine Prüfung absolvieren. Sollten Sie „schummeln", so beschummeln Sie ja nur sich selbst. Die Liste am Abend bleibt jeden Tag bei 10 Punkten, allerdings auch hier jeweils 10 verschiedene Dinge.

Wichtig:
Am Anfang mögen Ihnen 5 Dinge am Morgen und 10 am Abend sehr viel vorkommen und vielleicht haben Sie Schwierigkeiten damit. Das liegt daran, dass Sie wahrscheinlich bislang nicht so recht die positiven Dinge an und in sich gesehen haben. Das entwickeln Sie nun über 30 Tage. Mit der Zeit achten Sie mehr und mehr darauf und es fällt Ihnen von Tag zu Tag leichter.

Am Morgen und am Abend möglichst zu Zeiten von Aufstehen und Einschlafen hat einen einfachen Grund: Am Morgen sollten Sie den Tag starten mit dem positiven Fokus auf sich selbst, noch BEVOR etwas passiert oder auf Sie einwirkt, was negativ sein könnte. Am Abend sollen Sie mit positiven Gedanken ins Reich der Träume fallen und nicht mit Gedanken an den nächsten Tag, wie viel Sie zu erledigen haben oder was Sie alles gar nicht tun wollen.

Sie werden nach einigen Tagen bereits eine Effekt wahrnehmen WENN Sie dabei bleiben. Überlegen Sie einmal ganz logisch. Es ist unmöglich bei dieser Ausrichtung Ihrer Aufmerksamkeit keinen Effekt zu erzielen. Die, die es gemacht haben, hatten ausnahmslos ein positives Resultat. Bedenken Sie bitte auch, dass Sie nicht gleich von 0 auf 100 in 30 Tagen durchstarten müssen. Wenn Sie Ihre Selbstvertrauen z.B. um 30% steigern, dann haben Sie ein positives Resultat. Das weitere Rezept: Einfach weitermachen!

Wie bereits erwähnt arbeiten wir in diesem Teil „Selbstentdeckung" zunächst am „Bevor"-Bild ehe es dann mit der eigentlichen Veränderungsanwendung beginnt.

Am besten ist an dieser Stelle, sofern Sie es nicht ohnehin schon getan haben, wenn Sie sich für einen bestimmten Lebensbereich entscheiden wo Sie eine gewünschte Veränderung durchführen. Um es schön einfach und übersichtlich zu gestalten unterscheide ich gewöhnlicher weise zwischen drei großen Bereichen, in welche sich einzelne Situationen etc. dann einfügen lassen.

Diese drei Bereiche sind Gesundheit, Beziehungen und Karriere. Natürlich hat Gesundheit auch mit Fitness, körperlicher Konstitution, Krankheiten und ähnlichen Themen zu tun. Im Bereich von Beziehungen gehören neben Partnerschaften auch Freunde, Familie und soziale Kontakte, aber auch berufliche Beziehungen, also jeder Bereich in dem Sie mit anderen Menschen zu tun haben. In den Bereich Karriere mit einbezogen sind Finanzen, allgemeine und spezielle Jobthemen, Reichtum usw.

Um von A nach B zu gelangen muss natürlich erstmal festgestellt werden wo A überhaupt ist, um dann nach B zu gelangen.
Um Ihnen hier eine Hilfestellung zu geben, können Sie die hier aufgeführten Fragen für sich beantworten oder durchgehen. Sie helfen Ihnen vielleicht mehr Klarheit zu bekommen.

Ganz wichtig: Seien Sie bei dieser Sache brutal ehrlich zu sich selbst und schreiben Sie ganz offen auf, wie Ihre Situation WIRKLICH derzeit ist. Und los…

1. **Worüber bin ich in meinem Leben gerade glücklich?**
   Was daran macht mich glücklich?
   Welches Gefühl löst das in mir aus?

2. **Worüber bin ich in meinem Leben gerade positiv aufgeregt?**
   Was daran erzeugt diese positive Aufgeregtheit?
   Welches Gefühl löst das in mir aus?

3. **Worauf bin ich in meinem Leben gerade stolz?**
   Was genau daran macht mich stolz?
   Welches Gefühl löst das in mir aus?

4. **Wofür bin ich in meinem Leben gerade dankbar?**
   Was daran erzeugt in mir Dankbarkeit?
   Welches Gefühl löst das in mir aus?

5. **Was macht mir ich in meinem Leben gerade richtig Spaß?**
   Was daran macht mir Spaß?
   Welches Gefühl löst das in mir aus?

6. **Welcher Sache verpflichte ich mich in meinem Leben gerade?**
   Was daran löst in mir diese selbst gewählte Verpflichtung aus?
   Welches Gefühl löst das in mir aus?

7. **Wen liebe ich? Wer liebt mich?**
   Was daran bringt mich dazu?
   Welches Gefühl löst das in mir aus?

Noch ein bisschen Einstein dazu...
Was haben Zeit und Raum mit mir zu tun?

Albert Einstein sagte, dass Zeit und Raum nicht voneinander getrennt werden können. Wie auch immer man es definieren möchte, jeder hat eine ganz persönliche Vorstellung von Raum und Zeit.

Die Relativitätstheorie besagt, dass jeder von uns eine eigene Wahrnehmung von Zeit, gemessen vom Blickwinkel aus, hat. Jeder hat seinen eigenen Zeitstrom.

Einstein sagte ebenfalls, dass Logik einen nur von A nach B bringt, dass die Vorstellungskraft einen jedoch überall hin bringt.

Die Vorstellungskraft, Ihre Vorstellungskraft ist alles. Hier liegen die Probleme. Probleme sind Probleme der Vorstellung, der Imagination. Genau wie Lösungen. Die Imagination bestimmt die Zukunft. Natürlich existiert Ihr Zeitstrom oder auch Ihre Zeitlinie nur im Kopf, dennoch ist sie wichtig. Es geht darum die eigene Imagination richtig zu nutzen.

Als Richard Branson nach einer seiner Lieblings-Freizeitaktivitäten gefragt wurde, sagte er, dass er gern über die Zukunft fantasiere. Nach der Gründung zahlloser Unternehmen (u.a. ein Musiklabel, eine Airline oder auch einen Mobilfunkanbieter) ist sein aktuelles Projekt der Weltraumtourismus.

Als Roy Disney das Epcot-Center in Florida eröffnete bedauerte ein Journalist: *„Schade, dass Walt es nicht mehr gesehen hat."* Roy Disney entgegnete nur: *„Walt hat es gesehen, darum stehen Sie heute hier."*

Oder nehmen Sie als Beispiel einen Weitspringer. Man kann nur soweit springen wie man es vorher im Kopf bereits gesehen hat. So gut wie jeder Weltklasseathlet wird dies in Interviews bestätigen. Sie haben Bilder im Kopf und visualisieren was Sie dann in der Realität umsetzen.

Die eigene Imagination ist so wichtig und leider wird das heute nicht mehr so eingeschätzt und Kinder, die Meister der Imagination, lernen schon früh, sich lieber mit „richtigen" Dingen zu beschäftigen anstatt mit den Dingen in ihrer Fantasie. Wenn Sie dann erwachsen sind und den Wert vielleicht erkennen, lernen sie mühevoll und häufig für viel Geld was sie als Kind so perfekt beherrschten. Verrückt! Und schade!

Wie Einstein die Relativitätstheorie entdeckte

Wussten Sie, dass Einstein mit seiner Imagination begann die Relativitätstheorie zu entwickeln? Er stellte sich vor, dass er auf einem Lichtstrahl sitzen würde und fragte sich, wenn er nun durch einen Spiegel auf eine Uhr hinter sich schauen würde… würde diese Uhr rückwärts laufen oder stehenbleiben?

Und angenommen jemand würde neben ihm auf einem zweiten Strahl sitzen und er würde diese Person mit einer Taschenlampe beleuchten. Würde der Lichtstrahl der Taschenlampe die Person treffen oder hinter die Person ins Leere laufen?

Arbeiten auch SIE mit dieser Kraft der Vorstellung. Die eigene Vorstellungskraft richtig nutzen, darum geht es hier unter anderem, dazu später noch mehr.

Zunächst einmal ist es wichtig sich mit einer Sache zu befassen, die Sie schon Ihr ganzes Leben lang eingeschränkt hat und es auch weiterhin tun wird. Ich hoffe in einem deutlich geringeren Maße als bislang. Es geht um Entscheidungen, die Sie für sich getroffen haben, die Ihnen aber nicht wirklich helfen - limitierende Entscheidungen.

„Das Spiel der Macht zu erlernen erfordert eine bestimmte Art, die Welt zu betrachten, ein Verschieben der Perspektive." **Robert Greene**

Limitierende Entscheidungen

Ein ganz wichtiger Baustein an dieser Stelle im Spiel ist das Entdecken und Isolieren limitierender Entscheidungen, die Sie gemacht haben müssen, die für die gegenwärtigen Erfahrungen und Einschränkungen verantwortlich sind.

Ein gutes Beispiel, welches veranschaulicht, was ich hier meine ist folgende Situation: Sie nehmen sich einen Bereich Ihres Lebens vor, sagen wir Karriere, und Sie sagen sich an irgendeinem Punkt „Warum konnte ich das nicht früher haben?".

Das ist nichts Ungewöhnliches und sicherlich haben Sie es sich in der Vergangenheit schon mehrmals gesagt. Sich diesen Satz zu sagen IST basierend auf einer limitierenden Entscheidung aus der Vergangenheit bzw. bis mindestens zum Zeitpunkt der Fragestellung.

Ein Problem, welches gut formuliert ist, ist bereits zur Hälfte gelöst. Welche Entscheidungen haben Sie in der Vergangenheit getroffen, die zum gegenwärtigen Problem geführt haben? Diese Frage ist so wichtig!

Viele Menschen, denen ich begegnet bin, ist die Bedeutung dieser Frage häufig nicht sofort klar. Nehmen Sie sich wirklich einen Moment, um sich damit auseinander zu setzen, denn es steckt mehr dahinter als eine bloße Antwort.

Die Beantwortung dieser Frage beinhaltet gleichzeitig das Anerkennen der Tatsache, dass man mit einer selbstgetroffenen Entscheidung aus der Vergangenheit an der gegenwärtigen Situation „schuld" ist. Wobei ich das Wort „Schuld" in diesem Zusammenhang nicht mag, sagen wir lieber „Verantwortung". Das geht zurück auf das Prinzip von Ursache und Wirkung zu Beginn. Es klingt einfach und logisch, aber das Übernehmen der vollen Verantwortung für die eigene Situation ist eine der härtesten Prüfungen, die es gibt.

Was ist eine limitierende Entscheidung?

Einfach gesagt ist es alles was Sie einschränkt bzw. limitiert. Zu diesem „alles" gehören neben Entscheidungen auch Ihre Überzeugungen und Ihr Glaube an diverse Dinge. Und, denken Sie einmal darüber nach: Hängen nicht fast alle Dinge im Leben von Entscheidungen, Glauben und Überzeugungen ab?

Es ist in Wirklichkeit nicht mehr als ein Gefühl, welches uns sagt was wahr, richtig und real für uns ist. Und unser Leben hängt von der Akzeptanz dieser Überzeugungen ab. Nicht umsonst heißt es, dass man erst dann wirklich versagt hat, wenn man das Versagen als solches auch akzeptiert hat.

Wenn man die Kette Entscheidungen-Überzeugungen-Handlungen-Ergebnisse zu rate zieht, kann man leicht und ohne Aufregung sagen, dass Entscheidungen unser persönliches Schicksal beeinflussen. Eine Person, die sich entscheidet Dinge eher abzulehnen, vielleicht weil sie Angst hat, hat eine völlig andere Lebenserfahrung als eine Person, die offen und gern Dinge ausprobiert und öfter „ja" sagt. Ein Bauer aus dem australischen Outback hat eine völlig andere Lebenserfahrung als ein Broker von der Wallstreet. Diese beiden Persönlichkeiten treffen unterschiedliche Entscheidungen über das Leben, genau wie vergangene Entscheidungen ihre gegenwärtigen Erfahrungen mit kreiert haben.

Viele, die meisten, dieser Entscheidungen, die unser Leben bestimmen sind unterbewusst und wir wissen die meiste Zeit nicht einmal was davon.

Der nächste Schritt:

Der nächste Schritt im Veränderungsprozess ist also zu klären was Sie entschieden haben (in der Vergangenheit), so dass Ihre Erwartungen vom Leben sind wie sie sind, genau wie Ihre Erfahrungen sind wie sie sind. Was sind unbewusste Erwartungen von Ihrer eigenen Zukunft?

Listen Sie sich an dieser Stelle einmal alle limitierenden Entscheidungen auf, die Sie haben.
Häufig beginnen diese Sätze mit *„Ich kann nicht..."* oder *„Für mich ist es nicht möglich...".* Sofern Sie die vorangegangenen Fragen beantwortet haben, können Sie diese natürlich gern zur Hilfe mit verwenden.

Wissen ist Macht? FALSCH!!

Gehören Sie zu den Menschen, die davon überzeugt sind, dass Wissen Macht ist?

Denken Sie noch einmal darüber nach. Wissen ist keine Macht. Es ist potentielle Macht, aber nur dann, wenn dieses Wissen in Handlungen umgesetzt wird. Bloßes Wissen allein genügt nicht. Es mag einfach klingen, aber genau in dem Aspekt „Entscheidungen" unterscheiden sich viele erfolgreiche Menschen von solchen, die es nicht sind. Weil sie der Illusion erliegen Entscheidungen getroffen zu haben. Lassen Sie mich dies näher erläutern: Oft höre ich (und Sie ganz sicherlich auch) Aussagen, die folgendermaßen klingen:

„Ich möchte gern ...Kg abnehmen..."
„Ich würde gern intensiver an... arbeiten."
„Wenn ich erstmal ..., dann werde ich..."

Das sind Aussagen aus dem Alltag vieler, wenn nicht sogar der meisten, Menschen. Mit Statements dieser Art kommen Sie aber nicht weiter. Was Sie <u>möchten</u> oder <u>gern würden</u> ist nicht gleichbedeutend mit dem was Sie tatsächlich tun!

Handlungen sind das Einzige was Sie zum Erreichen eines Ziels führt. Alles andere sind effektive oder uneffektive Zutaten, die Sie dabei unterstützen (oder eben auch nicht). Verstehen Sie mich bitte nicht falsch. Es ist wichtig zu wissen was man möchte, es ist wichtig sich einen Plan zu machen und es ist ebenfalls wichtig zu wissen, wie man seine Ressourcen, seine Emotionen und seinen Fokus richtig nutzt. Aber zu allererst entsteht die Entscheidung dies auch zu tun.

Viele Entscheidungen treffen wir unterbewusst und glauben anschließend, besonders wenn das Resultat nicht sonderlich positiv ist, dass **etwas** einfach passiert oder einfach nicht passiert ist (Ursache und Wirkung…).

Es wurde bereits angesprochen, dass Entscheidungen, dass eigene Leben immer massiv beeinflussen. Hier ist eine Liste von Kommentaren und Erklärungen. Es klingt zum Teil ziemlich hart. Dabei geht es darum aufzuzeigen, dass egal WIE hart und vielleicht auch unfair oder sogar gemein etwas klingen mag, es letztlich eine Frage von Verantwortung und Entscheidungen ist. Es geht nicht darum jemanden persönlich anzugreifen und mit Sicherheit ist jeder von der einen oder anderen Dummheit oder harten Situation betroffen. Wir wollen eine andere Perspektive gewinnen, hier sind also ein paar Fragen zu bestimmten Situationen.

Natürlich gibt es Situationen, in denen Menschen unverschuldet in eine missliche Lage geraten sind. Darum geht es hier allerdings NICHT, das ist etwas anderes. Hier geht es um Situationen, in die man gerät wenn man bestimmte Entscheidungen trifft.

Es geht um Entscheidungen, Verantwortung und, natürlich, Ursache und Wirkung (immer und immer wieder):

Erklärungen und Fragen…

Schwanger?
Wer hat entschieden „nein" zu Verhütung zu sagen?

Folgenschwere Krankheit?
Wer hat in all den Jahren immer wieder entschieden nicht zum Sport zu gehen, nicht gesund zu essen, keine Routineuntersuchung zu machen und lieber zu feiern als sich nachts zu erholen?

Ärger mit dem Finanzamt?
Wer hat entschieden die Steuererklärung nicht schon vor 3 Monaten zu machen oder regelmäßig Buch zu führen und stets bis zum letzten Moment zu warten?

Falscher Einfluss?
Wer hat entschieden sich Ideen anzuhören und schließlich gegen das eigene Wertemodell aufgrund von schnellen Gewinnversprechen o.ä. zu entscheiden?

Verlassen worden?
Wer hat sich dagegen entschieden Grenzen zu ziehen und zu diesen zu stehen, egal was da kommen möge?

Wie gesagt, die Erklärungen klingen hart und sind doch „nur" eine logische Frage am Ende einer Kette unglücklicher Ereignisse, die letztlich nur einer Person wirklich schaden: Ihnen!

Treffen Sie Entscheidungen und stehen Sie zu diesen. Setzen Sie Grenzen und hinterfragen Sie Ihre limitierenden Entscheidungen.

Eine wirkliche Entscheidung bedeutet, dass Sie alle anderen Möglichkeiten kategorisch ausschließen. Das bedeutet, dass Entscheidungen innerhalb von Sekunden getroffen werden. Was länger dauern kann ist die Vorbereitung, die letztlich zur Entscheidung führt. In dieser Phase wird abgewogen zwischen möglichen Nachteilen und Vorteilen, was für Konsequenzen eine Entscheidung haben kann, wann der bestmögliche Zeitpunkt ist etc.

Die Entscheidung selbst jedoch ist schnell gemacht.

Entscheiden Sie sich für gewisse Standards in Ihrem Leben. Und setzen Sie diese als Grundstein. Tun Sie dies nicht, so werden Sie immer wieder in ungewollte Verhaltensmuster, schwächende Emotionen oder negative Einstellungen verfallen. Wenn Sie aber einen Standard setzen bzw. eine Entscheidung treffen, was zu akzeptieren Sie im Leben bereit sind und was nicht, gewinnen Sie mehr und mehr an Einfluss. Zuerst über sich selbst und als Folge auch über die Resultate in Ihrem Leben und/oder über andere Personen.

Viele Menschen treffen gar keine (bewussten) Entscheidungen im Leben aus einem einfachen Grund: Sie haben Angst davor die falsche Entscheidung zu treffen, also treffen Sie lieber gar keine. Nun, Sie haben bisher bestimmt schon viele falsche Entscheidungen getroffen. Und – machen wir uns keine Illusionen – Sie werden auch weiterhin falsche Entscheidungen treffen.
Wichtig ist, dass Sie die richtigen Lehren aus falschen Entscheidungen ziehen, um Sie so beim nächsten Mal anders treffen zu können. Im Gegensatz dazu liegen auch

alle Erfolge, die Sie bislang hatten und auch in Zukunft haben werden, einer oder einer Kette von Entscheidungen zugrunde, die Sie getroffen haben.

Es liegt jedoch eher in der Natur des Menschen sich für die guten Entscheidungen auf die Schulter zu klopfen und für die schlechten eine Erklärung oder Entschuldigung zu finden (Ursache und Wirkung… auf welcher Seite der Gleichung stehen Sie nochmal?).

Allen großen, historischen Taten liegen Entscheidungen zugrunde. Gandhi hat nicht zufällig Indien von britischer Herrschaft in die Unabhängigkeit geführt. In den 1890ern wurde er bei einer nächtlichen Zugfahrt in Südafrika, trotz regulären Fahrscheins, aufgrund seiner Hautfarbe aus der ersten Klasse geworfen. Er hätte akzeptieren können ein Mensch zweiter oder gar dritter Klasse zu sein, aber er entschied sich gegen diese Missstände zu kämpfen. Er traf die Entscheidung!

Hier sind weitere Beispiele für historische Handlungen, denen mutige, klare und einfache Entscheidungen vorausgingen:

Rosa Parks weigerte sich 1955 in Montgomery, Alabama ihren Sitzplatz im Bus einem Weißen zu überlassen und trug so einen wesentlichen Teil zur schwarzen Bürgerrechtsbewegung in den USA bei.

Sir Richard Branson, Gründer der Virgin-Gruppe, traf Anfang der 1990er die Entscheidung gerichtlich gegen den scheinbar übermächtigen Gegner British Airways aufgrund einer Vielzahl von Querelen vorzugehen. Im Januar 1993 gingen er und sein Unternehmen als Sieger hervor. Sogar Lady Di gratulierte ihm persönlich.

Zwischen 2005 und 2006 traf Jürgen Klinsmann als Teamchef der deutschen Fussball-Nationalmannschaft viele neue Entscheidungen, die er gegen, zum Teil heftigen, Widerstand durchsetzte. Was folgte war das mittlerweile berühmte Sommermärchen und der Start einer neuen Ära für die deutsche Elf.

Bitte bedenken Sie, dass es beim Treffen von Entscheidungen nicht gleich darum geht Geschichte zu schreiben. Die Entscheidung morgens 10 Minuten früher aufzustehen, um zu lesen, zu trainieren oder auch meditieren ist bereits eine Entscheidung. Die darauf folgende Handlung könnte Ihr Leben bereits positiv beeinflussen.

Ein angenehmer Nebeneffekt ist, dass Sie die Fähigkeit Entscheidungen zu treffen nicht erst erlernen müssen. Sie können und tun es bereits. Addieren Sie zu Ihrem bereits vorhandenen Wissen weiter dazu. Sie kennen jetzt u.a. limitierende Entscheidungen und das Prinzip von Ursache und Wirkung. Machen Sie es sich zur Gewohnheit diese regelmäßig anzuwenden.

Bei dem Vorhaben ein Ziel zu erreichen und eine notwendige Entscheidung zu treffen, schrecken nicht wenige Menschen davor zurück. Der Grund: Sie wissen nicht genau welche Entscheidung sie treffen sollen. Das ist zunächst einmal auch nicht notwendig. Einfachheit ist der Schlüssel. Allein zu entscheiden, dass Sie einen Weg finden werden, egal wie, ist eine Entscheidung. Das „egal wie" ist hierbei entscheidend und wird zu entsprechenden Handlungen und Durchhaltevermögen führen.

Eine Schwierigkeit, die mit der eben beschriebenen in Verbindung steht, ist das Warten auf den perfekten Zustand. Das heißt, dass erst alles einer bestimmten Vorstellung entsprechen muss, um dann zu entscheiden oder zu handeln.

Dieser perfekte Zustand wird niemals eintreten. Es ist niemals perfekt, denn Prozesse sind dynamisch. Sie verändern sich, Situationen verändern sich und Meinungen verändern sich. Die Erklärung, dass es erst alles perfekt sein muss bevor man handelt ist eine Erklärung, die nicht weiterhilft. Eine klassische limitierende Entscheidung, die man trifft, um jetzt nicht handeln zu müssen.

Veranschaulichen Sie es sich einmal folgendermaßen: Sie möchten Ihre Kochkünste verbessern und haben zu Hause ein paar Kochbücher, die ordentlich auf dem Regal eingeordnet sind, aber noch nie gelesen wurden. Die Entscheidung wäre JETZT damit zu beginnen, ein Buch auszuwählen und anfangen zu lesen. Bereits 60 Minuten später wüssten Sie mehr.

Ein Beispiel für das oben beschriebene Szenario der Schaffung einer perfekten Situation wäre: Sie kaufen zuerst sämtliche Zutaten im Supermarkt, damit Sie auch vorbereitet sind, wenn Sie Ihr Wissen über das Kochen erweitert haben. Bevor Sie nun beginnen zu lesen, fällt Ihnen ein, dass Sie ja noch gar nicht das „richtige" Küchenwerkzeug haben. Also besorgen Sie sich auch das. Dann fällt Ihnen ein, dass Sie, um beispielsweise italienisch kochen zu können, dies am besten mit italienischer Musik können (auf geht's ins Internet und gekauft werden ein paar Alben).

So geht das für ein paar Tage oder Wochen. Am Ende haben Sie eine Menge neuer Sachen, können aber kein Stück besser kochen. Sie haben versucht den scheinbaren

Idealzustand zu kreieren und hätten in der Zwischenzeit bereits effektiv Ihre Kochkünste weiterentwickeln können. Das bedeutet nicht, dass man im Zuge des Erlernen nicht noch neue Kochwerkzeuge benötigt etc. Aber um zu starten benötigt man meist sehr wenig. Kleine Handlungen können sofort unternommen werden, ohne großen Aufwand.

„Wir entscheiden uns für unsere Freuden und Leiden lange bevor wie sie erleben." **Kahlil Gibran (*Der Prophet*)**

Den entscheidenden Unterschied zwischen Erfolg, Weiterentwicklung, Denkanstößen etc. verschaffen Ihnen in diesem Zusammenhang zwei Dinge:

1. Treffen Sie eine (wirkliche) Entscheidung!
2. Handeln Sie sofort!

Thomas Edison entwickelte Ende des 19. Jahrhunderts die Glühlampe. Mehrere Tausend Versuche waren notwendig, ehe er den gewünschten Erfolg verzeichnete. Fragen Sie sich selbst: Wie viele Fehlversuche hätte es bedurft, bevor Sie die Entscheidung getroffen hätten, aufzugeben?

Man kann anhand unzähliger Beispiele den direkten Zusammenhang zwischen Entscheidungen und entsprechenden Handlungen erläutern. Wichtig ist jedoch nur eins:

Wenn Sie Ihre Fähigkeit Entscheidungen zu treffen weiterentwickeln und optimieren (solche Entscheidungen, die Handlungen nach sich ziehen), dann werden Sie auch entsprechende Resultate erzielen.

Vielleicht kennen Sie folgendes Beispiel: Sie nehmen sich vor morgens früher aufzustehen als üblich. Sagen wir 30 Minuten. Am nächsten Morgen klingelt der Wecker und während Sie verschlafen auf die Uhr sehen schießen Ihnen zwei Gedanken durch den Kopf:

Zuerst Ihr Vorhaben und als nächstes die Tatsache, dass Sie ja nicht unbedingt ausgerechnet heute damit beginnen müssen. Und so schlummern Sie lieber noch die zusätzlichen 30 Minuten. Bestimmt haben Sie so eine Situation (oder ähnlich) schon einmal erlebt.

Nun beginnen Sie Ihre gewöhnliche Routine und im Laufe des Tages beginnen Sie zu bedauern, dass Sie die halbe Stunde (es waren ja NUR 30 MINUTEN) regelrecht verpennt haben.

Also nehmen Sie sich vor am nächsten Morgen wieder 30 Minuten früher aufzustehen. Das Spiel beginnt von vorn...

Kreisläufe dieser Art gilt es zu durchbrechen. Beginnen Sie hierfür mit einer kleinen, aber dennoch bedeutenden Entscheidung und lassen Sie unmittelbar danach eine entsprechende Handlung folgen. Diese Handlung muss nicht länger als ein paar Minuten dauern. Machen Sie dies regelmäßig, so werden Ihre Entscheidungen automatisch größer und bedeutender und die darauf folgenden Handlungen nachhaltiger

So banal diese Übung vielleicht klingen mag. In genau dieser Einfachheit liegt der Schlüssel. Sie gewöhnen sich daran Entscheidungen Handlungen folgen zu lassen. Folglich treffen Sie mehr und mehr Entscheidungen dieser Art (nochmals zur Erinnerung:

Eine Entscheidung, der keine Handlung folgt ist keine wirkliche Entscheidung. Außerdem werden Sie sich über die Bedeutung des Verhältnisses Entscheidung/ Handlung bewusst. Dieses Bewusstsein allein ist wertvoll. Sie werden schnell merken, dass die Qualität Ihrer Entscheidungen erheblich steigen wird.

Der nächste Schritt ist die Beurteilung Ihrer Entscheidungen:

Erfolg ist das Resultat guten Urteilsvermögens.
Gutes Urteilsvermögen ist das Resultat von Erfahrungen.
Erfahrungen sind das Resultat schlechten Urteilsvermögens.

Wie gesagt: Sie treffen bereits mehrere Entscheidungen pro Tag. Fügen Sie nun eine weitere, entscheidende Komponente hinzu: Beurteilen Sie das Resultat, welches der Entscheidung (mit dem nachfolgenden Schritt Handlung) folgte und schätzen Sie so die Qualität Ihrer Entscheidung ein.

Durch diese anschließende Beurteilung reduzieren Sie schlechte Erfahrungen (im Optimalfall vermeiden Sie sie völlig) und optimieren Ihre Ergebnisse.

Dieser ganze Prozess mag Ihnen zu Beginn vielleicht nicht ganz leicht erscheinen; das ist völlig in Ordnung. Setzen Sie sich nicht unter Druck und gehen Sie mit Spaß an die Sache. Betrachten Sie es als Spiel und bedenken Sie stets, genau wie bei allen anderen Lektionen, eins:

Wiederholung ist die Mutter allen Könnens!

Ein weiterer Aspekt, der Ihnen hilft sich über Entscheidungen mehr bewusst zu werden und effektiver zu treffen, ist die Beobachtung von Menschen in Ihrer Umgebung in Bezug auf das Treffen von Entscheidungen.

Achten Sie auf Ihre Arbeitskollegen, Familienmitglieder und Freunde beim Treffen von Entscheidungen und schauen Sie ob und welche Handlungen diese zur Folge haben und wie ernst die jeweilige Entscheidung tatsächlich gemeint ist. Allein durch diese kleinen Beobachtungen werden Sie eine Menge Lehren für sich selbst ziehen können.

Beobachtungen helfen Ihnen natürlich nicht nur hier, sondern bei sämtlichen Inhalten, um die es hier geht.

„Ein weiser Mensch trifft seine eigenen Entscheidungen, ein ignoranter Mensch folgt der öffentlichen Meinung."   - Chinesische Weisheit

Noch ein bisschen Kontroverses...

An dieser Stelle noch ein kleines bisschen Kontroverse. Aufgrund der beschriebenen Vorgänge und Prozesse lässt sich sagen, dass jede Handlung, welche Sie durchführen, für Sie einen Nutzen bietet.

Sie sagen jetzt vielleicht: Was nutzt es mir denn bitte zu meiner nervigen Tante zum Geburtstat zu fahren? Ich will definitiv nicht hin und „muss" es tun weil meine ganze Familie da ist usw.

Nun, ich behaupte, dass Sie keine Handlung durchführen, von der Sie nicht irgendwo irgendwas haben. Sie führen keine Handlung durch, die Ihnen wirklich gar nichts bringt. Sonst würden Sie sie nicht durchführen! Der Nutzen ist nicht immer sichtbar, häufig ist er unbewusst „versteckt" oder auch nur sehr klein. Aber es gibt ihn.

In dem Beispiel oben könnte es z.B. sein, dass Sie zwar Ihre Tante nicht mögen, aber genau wissen, dass Sie eine Konfrontation mit Ihrer Mutter haben werden wenn Sie nicht gehen. Und DAS wollen Sie womöglich nicht. Also gehen Sie. Obwohl Sie auf Ihre Tante natürlich überhaupt keine Lust haben.

Beispiele wie diese gibt es täglich! Wir wollen etwas anscheinend nicht - und doch haben wir einen Nutzen von der ganzen Sache.

Selbstentdeckung - Der Weg zur Freiheit
Fragen an mich selbst

In diesem Zusatzteil zur Selbstentdeckung möchte ich Sie gern dabei unterstützen soviel Sie können über sich selbst herauszufinden. In einem 1:1 Gespräch würde das wohl eine Weile dauern. Daher habe ich für Sie aus fünf verschiedenen Lebensbereichen eine Reihe von Fragen zusammengefasst, die Ihnen helfen sich selbst besser kennen zu lernen.

Gehen Sie diese Fragen in Ruhe und für sich selbst durch. Es soll Spaß machen!

Ideal ist es, wenn Sie diese Fragen für sich selbst 1-2x/Jahr beantworten. Situationen und Ansichten verändern sich und Sie haben auf diese Weise ein tolles Tool, um im Auge zu behalten, wie, ob und wann Sie eine bestimmte Richtung gegangen sind und wo noch etwas Weg vor Ihnen liegt.

Ich habe hier die verschiedenen Lebensbereiche in 5 Abschnitte unterteilt. Es sollten sich sämtliche Aspekte darin wiederfinden. Man kann diese Aufteilung auch in drei, sieben oder zehn Bereichen machen, je nachdem wie man es definiert.

Mit Hilfe dieser Fragen gewinnen Sie vor allen Dingen Klarheit. Klarheit darüber was Sie wollen, wo Sie stehen, womöglich was Sie benötigen, um Ihrem Ziel ein Stück näher zu kommen. Die meisten Menschen können viele dieser Fragen auf Anhieb nicht für sich beantworten. Damit fehlt ein essenzieller Schritt, um überhaupt in eine gewünschte Richtung zu gehen.

Physischer Bereich

- Was ist mein Traumgewicht, Konfektionsgröße, körperliche Konstitution?

- Wie viel Tage / Woche möchte ich trainieren?

- Was und wie möchte ich trainieren?

- Wie möchte ich mich ernähren?

- Zu welchen Zeiten möchte ich essen und trinken?

- Wie viel Liter Flüssigkeit möchte / sollte ich zu mir nehmen?

- Was möchte ich für mein körperliches Wohlbefinden tun?

- Wie / Womit verschaffe ich mir körperliche Ruhepausen?

- Welche körperlichen Laster gewöhne ich mir ab?

- Was unternehme ich, um meine körperliche Fitness zu verbessern?

- Wie viele Stunden Schlaf benötige ich / möchte ich?

- Wann bzw. bei welcher Aktivität geht es meinem Körper besonders gut?

Mentaler (und emotionaler) Bereich

- Wie viele Bücher will ich pro Monat / Jahr lesen?

- Wie bilde ich mich regelmäßig weiter?

- Meistere ich meine Emotionen oder meistern sie mich?

- Mit welchen Emotionen setze ich mich besonders häufig auseinander?

- Welche Gedanken bestimmen meinen Tag?

- Helfen mir meine Gedanken meine Ziele zu erreichen?

- Denke ich überwiegend positiv oder negativ?

- Welche Gedanken sollte / möchte ich haben?

- Welche Quellen habe ich für mein Gedankengut?

- In welchen Situationen habe ich besonders positive Emotionen?

- In welchen Situationen erlebe ich überwiegend negative Emotionen?

- Welche Dinge merke ich mir besonders leicht?

- Wovon tagträume ich?

Beziehungsbereich

- Wie viel Qualitäts-Zeit verbringe ich mit mir selbst?

- Mag ich es allein zu sein?

- Behandle ich mich selbst so wie ich andere Menschen zuvorkommend behandle?

- Was mache ich, um mich erfüllt und glücklich zu fühlen?

- Gebe ich mir genügend Zeit für mich selbst?

- Habe ich einen Traumpartner (privat, geschäftlich, sozial)?

- Was schätze ich an Beziehungen zu anderen Menschen?

- Sind die Menschen in meinem Umfeld hilfreich für das Erreichen meiner Ziele?

- Wie wirken die Menschen in meinem Leben / Beruf / Familie auf mich?

- Mit welchen Menschen bin ich besonders gern zusammen?

- In wessen Gegenwart fühle ich mich unwohl und warum?

- Wie oft lerne ich neue Menschen kennen bzw. verabschiede alte aus meinem Leben?

- Welcher Mensch muss ich sein, um die Menschen um mich zu haben, die ich wünsche?

- Was zieht mich an anderen Menschen an?

- Was mögen andere an mir?

Identitätsbereich (spiritueller Bereich)

- Finde ich regelmäßig zu mir selbst?

- Was inspiriert mich?

- Stelle ich mir die Sinn-Frage?

- Welchen Sinn sehe ich den verschiedenen Bereichen meines Lebens?

- Bin ich der Mensch, der ich sein möchte?

- Welches Selbstbild habe ich?

- Was liebe ich an mir?

- In welchem Maße habe ich Vertrauen in mich und meine Fähigkeiten?

Finanzieller / Karrierebereich

- Wie hoch ist mein ideales jährliches Einkommen (gemessen an meinem idealen Lebensstil)?

- Wie viel Geld möchte ich auf meinem Konto haben?

- In was möchte ich investieren?

- Welche materiellen Wünsche möchte ich mir erfüllen?

- Wohin möchte ich in meiner Karriere kommen?

- Was möchte ich in meinem gegenwärtigen Beruf erreichen?

- In welchen beruflichen Bereichen finde ich Erfüllung?

- Wo habe ich meine beruflichen Stärken?

- Wofür werde ich besonders oft gelobt?

- Wie budgetiere ich mein Geld?

- Welchen Stellenwert hat Geld in meinem Leben?

- Wie bedeutend sind mir materielle Dinge?

Herr über die eigenen Emotionen sein - so gehts

„Sehen ist Glauben, aber fühlen ist die Wahrheit." **- Thomas Fuller, Dr. med.**

Sie haben bereits ansatzweise erfahren, dass die Qualität Ihres Lebens in direkter Relation zu den Emotionen, die Sie dauerhaft erfahren, steht. In diesem Abschnitt vertiefen wir diesen Schritt weiter und Sie erhalten wertvolle Informationen, wie Sie negative Emotionen zunächst erkennen und, noch viel wichtiger, dann auch eliminieren können.

Zunächst einmal ist es wichtig zu verstehen, dass Emotionen nicht etwas sind das Ihnen passiert. SIE produzieren Ihre eigenen Emotionen! Und so unwirklich und komisch das vielleicht klingen mag – SIE entscheiden sich für Ihre Emotionen. Dies geschieht meist auf einer unterbewussten Ebene, der Teil unseres Gehirns, der ca. 95% ausmacht. Nur 5% unseres Gehirns benutzen wir bewusst. Emotionen bzw. unser emotionaler Zustand ist das Resultat verschiedener Zutaten. Diese beinhalten unter anderem unsere Physiologie bzw. wie wir unseren Körper einsetzen, unsere Sprache und worauf wir unsere Aufmerksamkeit/unseren Fokus richten bzw. woran wir glauben. Dazu gleich mehr!

Die Kette von einem Auslöser bis hin zur Emotion kann vereinfacht wie folgt dargestellt werden.

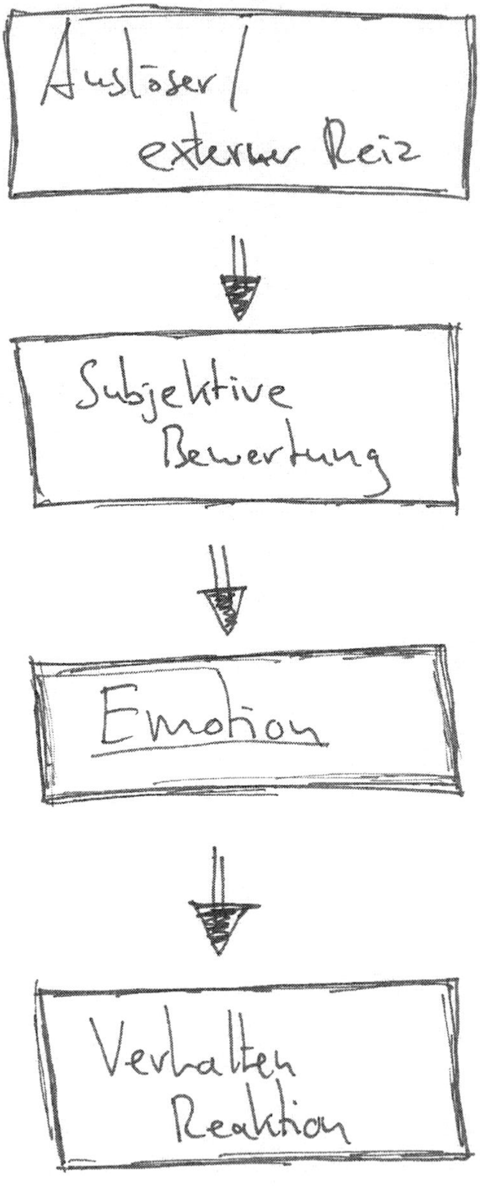
Auslöser/
externer Reiz
Subjektive
Bewertung
Emotion
Verhalten
Reaktion

Erklärung anhand eines Beispiels:

Stellen Sie sich vor ein junger Mann rennt in ein brennendes Gebäude, um seinen Freunden seinen Mut zu beweisen. Sie bewerten dies als gefährlich, dumm und kindisch und die Emotion, die darauf folgt könnte eine verächtliche sein. Die Reaktion wäre vielleicht Ignoranz.

Wenn sich aber nun z.B. eine Kiste mit jungen Welpen in demselben brennenden Haus befindet und der junge Mann auf dieselbe Weise hineinläuft, um sie zu retten, so verläuft die gesamte Kette womöglich ganz anders. Vielleicht bewerten Sie die Aktion als Hilfeleistung und aufgrund der Gefahr vielleicht als mutig und ehrenhaft. Die Emotion ist deutlich positiverer Natur, vielleicht Glück und die folgende Reaktion Anerkennung.

Was ist passiert? Der Auslöser war derselbe: Ein junger Mann rennt in ein brennendes Haus. **Mit der subjektiven Bewertung oder einem einfachen Gedanken beginnt die Entstehung der Emotion, an welche wiederum die folgende Handlung geknüpft ist**. Weil jeder Mensch aufgrund unterschiedlicher Erfahrungen, Wertvorstellungen und Überzeugungen verschiedene Persönlichkeitsstrukturen aufweist, wirkt jeder neutrale Auslöser (Reiz) anders auf jeden Menschen.

Um also dauerhaft bestimmte Emotionen zu erfahren oder auch zu vermeiden, müssen Sie mittel- und langfristig an Ihren Werten, Ihren Entscheidungen, Ihrem Fokus oder auch Ihren Überzeugungen arbeiten.

In einer kompakten Kurzfassung möchte ich Ihnen zeigen, wie Sie kurzfristig unerwünschte Emotionen eliminieren oder zumindest deutlich in Ihrer Intensität verringern können.

Nr. 1: Die Perspektive von Problemen

Stellen Sie sich vor Sie würden sich einen Kieselstein direkt vor das Auge halten. Alles was Sie nun sehen ist Dunkelheit und Ihr Blickfeld ist erheblich eingeschränkt. Je weiter Sie nun diesen Kieselstein von Ihrem Auge entfernen, desto mehr verliert er an Bedeutung weil Sie automatisch ganz andere Dinge wahrnehmen und der Kieselstein in einem ganz anderen Verhältnis zur Umwelt steht. Nämlich als das was er ist: Ein Kieselstein – nicht mehr und nicht weniger.

Mit Emotionen bzw. den Problemen, die wir häufig dahinter sehen, verhält es sich nicht anders. Die Wahrheit ist, dass wir unsere Aufmerksamkeit zu mindestens 90%, auf das Problem lenken und damit die negative Emotion fördern.

Dargestellt sieht das in etwas so aus: Problem (X), Lösung (L)
XXXXXXXXXLXXXXXXXXXLXXXXXXXXXLXXXXXXXXXLXXXXXXXXXL

Das entspricht einem Verhältnis von 90:10 (Problem:Lösung). Sie können unschwer erkennen, dass die L´s kaum wahrnehmbar sind zwischen all den X. Somit ist der erste Punkt beim Eliminieren einer negativen Emotion die Neuausrichtung Ihres **Fokusses auf mögliche Lösungen** (und nicht auf Probleme oder Schwierigkeiten).

Konkret bedeutet das für Sie: Tritt ein Problem auf, so rücken Sie es zunächst in die richtige Perspektive (entfernen Sie den Kieselstein vor Ihrem Auge) und vermeiden somit eine mögliche negative Emotion von vorneherein. Betrachten Sie die Situation in einem größeren Kontext und **ordnen Sie sie so ein, dass die Lösung im Mittelpunkt steht**, nicht das Problem!

Nr. 2: Nutzen Sie die Gunst des Augenblicks

Eine negative Emotion entsteht in der Regel durch wiederholte Erinnerung an die Entstehung bzw. den Zeitpunkt zu dem Sie sie ausgelöst haben. Durch ein in der Vergangenheit erlebtes Ereignis opfern Sie demnach Ihre gegenwärtigen Gedanken, die zwangsläufig Ihre Zukunft mit kreieren. Das ist unproduktiv und sinnlos! Nutzen Sie hierfür den jeweiligen Augenblick.

Beispiel: Sie erleben eine negative Emotion, sagen wir ein Gefühl von Wertlosigkeit. Was meistens geschieht ist eine Projektion des gegenwärtigen Zustands auf die Zukunft. *„Ich bin nichts wert. Warum morgen aufstehen, wenn mich sowieso niemand zu schätzen weiß und meine Arbeit nicht anerkannt wird?"*

Die Emotion ist da, was nun? Tun Sie etwas!
(Unter)Brechen Sie dieses Muster!

Fragen Sie sich, was Sie JETZT tun können, um der Emotion entgegen zu wirken. Eine Emotion ist nichts weiter als ein aktiviertes Netzwerk von Neuronen (Nervenzellen), die in einer bestimmten Reihenfolge und Sequenz (Muster) in Ihrem

Gehirn und Körper aktiviert werden. Je häufiger Sie diesem Muster folgen, desto mehr wird es zur Gewohnheit.

Vergleichen Sie es mit einem Weg, den Sie sich durch ein Feld bahnen. Laufen Sie diesen Weg nun jeden Tag, immer wieder, so entsteht nach einer gewissen Zeit ein Trampelpfad. Dieser ist nun einfach und locker zu gehen, fast blind. Wie eine lang antrainierte Gewohnheit. Einen neuen Weg zu wählen macht erst einmal keinen Sinn, denn der wäre ja beschwerlicher. Der alte Pfad ist vertraut und einfach. Gewohnte Muster sind einfach und vertraut - aber führen sie dorthin wo SIE hinwollen?

Je häufiger und intensiver Sie also dieses Muster unterbrechen, desto schneller und effektiver eliminieren Sie die unerwünschte Emotion. Dies ist vergleichbar mit einer Schalplatte, die Sie wieder und wieder abspielen. Je häufiger Sie darauf kratzen (Unterbrechung des Musters), umso weniger werden Sie in der Lage sein, diese Platte genau so wieder abzuspielen.

Vorschläge zur sofortigen Unterbrechung des Musters:

Legen Sie eine CD ein (oder Radio) und drehen Sie sie richtig laut auf.
Wechseln Sie den Ort (aufstehen und rausgehen).
Schreiben Sie mindestens 20 Dinge auf, die Sie an sich oder andere an Ihnen mögen (und ja, das ist möglich!!).
Schauen Sie in den Spiegel und schneiden Sie Grimassen.
Gehen Sie an einen öffentlichen Ort und lächeln Sie 10 verschiedene Menschen freundlich an.

Machen Sie 10 Liegestütze oder stellen Sie sich auf den Kopf (Vorsicht!)

(Sie merken vielleicht, dass die meisten dieser Vorschläge von Ihnen allein durchführbar sind. Somit lernen Sie negative Emotionen auch allein zu verändern und nicht von anderen Menschen, einem Haustier oder ähnlichem abhängig zu sein, wenn es um Ihr emotionales Gleichgewicht geht.)

Was Sie letztlich unternehmen spielt keine Rolle. Der entscheidende Punkt ist, dass Sie das Muster unter- und durchbrechen.

Nr. 3: Gehen Sie den entscheidenden Schritt weiter

Wie bereits erwähnt malen sich die meisten Menschen ein negatives Folge-Szenario, basierend auf gegenwärtigen Emotionen, aus. Gehen Sie stattdessen noch einen Schritt weiter. Geben Sie der Emotion einen genauen Namen und fragen Sie sich was die Hingabe zu dieser Emotion für Ihre Zukunft bedeutet, für die Resultate, die Sie erzielen werden (sofern Sie weiterhin darin zerfließen) und die Ziele, die Sie sich gesteckt haben.

Die Antwort liegt auf der Hand. Sie werden schnell erkennen, dass der Verbleib in emotional negativen Zuständen nichts zum Erreichen eines wünschenswerten Ausgangs beitragen wird.

Machen Sie diese Übung schriftlich. Schreiben Sie auf was der andauernde Verbleib in z.B. Melancholie bedeutet. Schreiben Sie solange, bis der Frust über die negative Emotion so groß ist, dass Sie automatisch auf eine andere, positive Emotion zurückgreifen und das Blatt am liebsten zerreißen.

Diese drei Vorschläge sind kombinierbar und das Wichtigste dabei ist die Durchführung.
Setzen Sie diese Dinge um und wirken Sie der negativen Emotion aktiv entgegen!

Wie eingangs angedeutet, gibt es drei Zutaten, die Ihre Emotionen ausmachen. Diese drei Faktoren sind:

Physiologie – Wie Sie Ihren Körper einsetzen
Sprache – Wie Ihr innerer Dialog verläuft
Fokus – Worauf Sie Ihre Aufmerksamkeit dauerhaft richten

Der junge Lehrling wollte wissen wie es denn um die Steuerung von Emotionen bestellt ist. *„Großer Magier, wie ist es mit den Emotionen… wie werden sie gesteuert?“*

Der Magier hatte auf diese Frage gewartet und in Wirklichkeit schon viel früher damit gerechnet.
„Das Gehirn schreibt allen Dingen eine Bedeutung zu. Es kreiert und sucht Muster, um den Dingen Bedeutung zu geben bzgl. aller Informationen. Es stellt Beziehungen zwischen den Dingen her und erstellt Hierarchien, es macht Dinge allgemeiner und detaillierter.“

Der junge Lehrling war noch nicht ganz zufrieden:
„Aber was hat das mit Emotionen zu tun?“

„Nur Geduld junger Freund…“ lächelte der Magier und fuhr fort *„Emotionen sind wie Strategien. Strategien sind gedankliche Prozesse und Muster. Es gibt effektive Strategien und ineffektive Strategien. Wendest du effektive Strategien an, so wirst du in deinen Bestrebungen erfolgreich sein, bei ineffektiven wirst du keinen Erfolg haben. So oder so, Strategien haben immer Erfolg, indem sie dir ein bestimmtes Ergebnis schaffen.“*

„Aha, dann kreiere ich meine Emotionen also selbst durch erfolgreiche oder weniger erfolgreiche Strategien?“

Der Magier wusste, dass der Lehrling es verstanden hatte: *„Ja, so ist es.“*

Physiologie

Alles, ALLES was Sie erleben, fühlen und leben wird durch den Körper wahrgenommen. Genauer gesagt, über Nervenzellen, über die fünf Sinne. Erleben Sie eine bestimmte Emotion, so spiegelt sich das in Ihrer Körpersprache wieder. Um dieses Prinzip sofort für sich selbst zu nutzen, können Sie folgendes tun: Erinnern Sie sich an einen Moment in dem Sie sich so gefühlt haben wie Sie sich jetzt gern fühlen würden.

Wie war Ihre Körperhaltung?
Haben Sie gestanden oder gesessen?
Wie war Ihr Oberkörper ausgerichtet?
Und Ihre Beine, Ihre Arme, Ihr Gesicht?
Haben Sie gelächelt?
Welche Sinne haben Sie primär genutzt?
Wie war Ihre Gestik?
Und die Mimik?

Nun, nehmen Sie genau diese Körperhaltung wieder an und achten Sie auf Ihren emotionalen Zustand. Er ändert sich automatisch. Zustände und die Art, wie Sie Ihren Körper einsetzen, sind unweigerlich miteinander verknüpft. Nutzen Sie dieses Prinzip ganz bewusst, um Emotionen zu erleben, die Sie auch erleben WOLLEN!

Sofern Sie gern Sport schauen, sind Sie mit aufputschenden Gesten vertraut. Egal ob Boris Becker beim Tennis, Michael Schumacher oder Sebastian Vettel in der Formel 1 oder andere Größen. Sie alle haben eine gewisse Körpersprache gehabt, um sich selbst anzufeuern. Häufig ist es eine geballte Faust oder auch ein ausgestreckter Finger. In jeder Sportart sind diese Körperbewegungen (und alle möglichen anderen) zu beobachten. Es ist die Körpersprache der Sieger und sie erlaubt den Sportlern, sich selbst in einen Top-Zustand zu bringen.

Dieser Punkt ist der entscheidende Unterschied zu Affirmationen. Sie tun aktiv etwas. Sie setzen Ihren Körper ein, Sie verwenden Ihren Verstand und richten Ihre fünf Sinne gezielt aus und erreichen so einen anderen Zustand. Eine Veränderung des Zustands ist hier die entscheidende Komponente.

Emotion kommt von Motion – Bewegung. Eine Veränderung der Körperhaltung ist die schnellste Art, seinen emotionalen Zustand zu verändern.

Sprache

Es gibt zwei Arten der Sprache, die Sie tagtäglich verwenden. Zum einen den inneren Dialog (was Sie sich selbst sagen), zum anderen den äußeren Dialog (Gespräche mit anderen Menschen). Hier geht es jetzt um den inneren Dialog. Bei jeder Erfahrung, die Sie machen, führen Sie einen inneren Dialog (dies kann auch auf gedanklicher Ebene ablaufen). Von der Qualität dieses Dialogs werden Ihre Emotionen nachhaltig beeinflusst.

Beispiel: Sie treten in die „Hinterlassenschaft" eines Hundes.
Gewöhnlicherweise ruft das eine Reaktion hervor. Und selbst wenn Sie es schaffen sich verbal nicht zu äußern, so werden Sie definitiv innerlich „sprechen".

Mögliche Reaktionen:

„So eine Sch…!"
„Oh nein!"
„Ein Glück, dass ich Schuhe anhatte."

Vielleicht erkennen Sie, welchen bedeutenden Unterschied die Art des inneren Dialogs ausmacht und wie dieser innere Dialog mit dem darauf folgenden emotionalen Zustand und der wiederum darauf folgenden Reaktion in Zusammenhang steht. Diese Gespräche finden ständig statt, in unterschiedlicher Intensität.

Eine wichtige erste Maßnahme ist, sämtliche Negativworte durch positive oder zumindest neutrale zu ersetzen:

Das ist schlecht –> Das ist nicht gut –> Das ist was anderes als ich erwartet habe

Je weniger negatives Vokabular in Ihrem Wortschatz vorkommt, desto weniger können Sie darauf zurückgreifen und desto weniger wird Ihr emotionaler Zustand negativ beeinflusst. Ist Ihnen einmal aufgefallen, dass die meisten glücklichen Menschen verhältnismäßig wenig fluchen. Und das umgekehrt die Menschen, die ständig Kraftausdrücke und Schimpfwörter verwenden auch meistens weniger zufrieden sind. Das ist kein Zufall!

In Verbindung mit der Physiologie können Sie nun darauf achten welche Worte Sie mit welcher Körperhaltung verbinden. So verstärken Sie den Effekt. Über die Bedeutung von Fokus haben Sie bereits einiges kennengelernt. Verbinden Sie das neu Erlernte nun mit den Komponenten Physiologie und Sprache und maximieren Sie Ihre Resultate!

JETZT SIND SIE DRAN:

Emotionen spielen eine große Rolle im Leben. Sie begleiten uns jeden Tag und wir lösen sie in jeder Situation aus. Manchmal ist uns dies sehr bewusst und manchmal so gut wie gar nicht. Der Prozess läuft jedoch die ganze Zeit ohne Unterbrechung. In diesem aktiven Teil gebe ich Ihnen Fragen und ein paar Aufgaben, in denen Sie sich mit imaginären Szenarien auseinandersetzen. Diese zeigen Ihnen, wie schnell emotionale Zustände verändert werden können und das „nur" durch Veränderung des Rahmens.

Hoffnung - Überzeugung - Absolute Gewissheit

Denken Sie an ein bestimmtes Ziel, welches Sie in näherer Zukunft erreichen möchten. Es spielt keine Rolle, um welche Art von Ziel es sich hierbei handelt.

Ziel:

Mit dem formulierten Ziel in Gedanken hoffen Sie innerlich, dass Sie es erreichen werden. Schreiben Sie anschließend die Gefühle auf (positiv wie negativ), die Sie empfunden haben. Es geht hier ausschließlich um Hoffnung.

Gefühle (Szenario Hoffnung):

Spielen Sie dasselbe Szenario nun gedanklich mit der Überzeugung durch, dass Sie das Ziel erreichen werden. Schreiben Sie anschließend wieder die empfundenen Gefühle auf.

Gefühle (Szenario Überzeugung):

Zuletzt simulieren Sie denselben Gedanken mit der absoluten Gewissheit das Ziel zu erreichen. Schreiben Sie anschließend wieder die empfundenen Gefühle auf.

Gefühle (Szenario absolute Gewissheit):

Haben Sie feststellen können, welchen Unterschied eine bestimmte Erwartungshaltung emotional ausmacht?

Haben Sie gemerkt, wie Hoffnung mehr ein Abwägen (es klappt / es klappt nicht) ist, Überzeugung schon eher in eine konkrete Richtung ausschlägt (z.B. Vorfreude) und absolute Gewissheit (z.B. Erfüllung) wohl den positivsten Einfluss hat?

Allein das Wort „Hoffnung" impliziert, dass es eine (nicht geringe) Möglichkeit des Scheiterns gäbe. Ist dies nicht der Fall, wäre Hoffnung wohl eher Überzeugung oder Gewissheit etc.

Je häufiger Sie diese Übung anwenden, desto schneller werden Sie in diversen Situationen in der Lage sein, die bewusste Kontrolle über Ihre Emotionen in Bezug auf Hoffnung, Überzeugung und Gewissheit zu haben.

Perspektive und Momentum

Listen Sie zunächst alle negativen Emotionen auf, die Sie in der vergangenen Woche erlebt haben. Nehmen Sie sich ruhig einen Moment Zeit und gehen Sie die Woche Tag für Tag durch. Sie werden feststellen, dass Sie wahrscheinlich jeden Tag mehrere negative Emotionen erlebt haben. Zum Teil haben diese sich über die Woche verteilt wiederholt und z.T. sind sie nur einmal vorgekommen. Das spielt keine Rolle. Haben Sie eine Emotion mehr als einmal erlebt, genügt es, wenn Sie sie einmal auflisten.

Liste negativer Emotionen:

Gehen wir über zur Analyse der subjektiven Bedeutung dieser Emotionen.
Gehen Sie hier nun die gesamte Liste negativer Emotionen nach folgendem Beispiel systematisch ab.

Negative Emotion Nr. 1: ____________________

Die Perspektive von Problemen
Überlegen Sie, was das große Gesamtbild ist, in dem Sie im Augenblick das Problem sehen (welches dann die Emotion (Kieselstein) hervorruft).

Die Emotion ist eine Folge welchen Problems /

Die Emotion ist eine Folge eines möglichen Problems:

Welche neuen Lösungsansätze (bzw. alternative Handlungsmöglichkeiten) ergeben sich nun?
(Finden Sie immer möglichst mindestens drei Alternativen für den Fall, dass eine nicht so effektiv ist.)

Führen Sie die folgende Aufgabe für dieselbe Emotion aus. So haben Sie verschiedene Strategien und können herausfinden welche am besten zu Ihnen passt. Um die Wirkung zu verstärken, können Sie auch beide (vorangegangenen) Strategien anwenden. So bearbeiten Sie die Emotion intensiver und schneller.

Momentum – Das Nutzen des Augenblicks:
(Welche sofortigen Maßnahmen kann ich unternehmen, um mein Muster zu unterbrechen (an der Schallplatte kratzen)?
Listen Sie mindestens zehn auf!)

Der nächste Teil hilft Ihnen beim Entdecken, Beobachten und Analysieren Ihrer Körpersprache und Physiologie.

Physiologie / Körpersprache

Schreiben Sie zum jeweiligen Körperteil die Haltung, Gestik, Bewegung etc. beim Durchleben der jeweiligen Emotion.
Physiologie der *negativen* Emotion:
Gesicht:

Arme, Hände, Finger:

Oberkörper

Hüfte, Beine, Füße, Zehen :

Position (liegend, stehend, sitzend etc.):

Ort (Natur, Büro, zu Hause, Verein, Auto etc.):

Schreiben Sie nun zum jeweiligen Körperteil die Haltung, Gestik, Bewegung etc. beim Durchleben der *positiven* Emotion durch:

Gesicht:

Arme, Hände, Finger:

Oberkörper

Hüfte, Beine, Füße, Zehen :

Position (liegend, stehend, sitzend etc.):

Ort (Natur, Büro, zu Hause, Verein, Auto etc.):

Sprache

Schreiben Sie nachfolgend nun sämtliche Worte auf, die Sie innerlich (oder auch verbal) verwenden, wenn Sie sich in einem negativen Zustand befinden.

Negative Worte:

Negative Redewendungen:

Und alternativ nun wieder Worte, die Sie innerlich / verbal verwenden, wenn Ihr emotionaler Zustand positiv ist.

Positive Worte:

Positive Redewendungen:

Werte - Kenne dich selbst, kenne deine Treiber, kenne deine Motivation

***„Die wirkliche Entdeckung ist nicht die Suche nach neuen Ländern sondern das Sehen mit anderen Augen."* Marcel Proust**

Nach dem ersten Gesamtüberblick und dem tiefergreifenden Konzept der selbst auferlegten Einschränkungen geht es hier um einen der wichtigsten, und am wenigsten ergründeten, Teile der persönlichen, beruflichen und gesellschaftlichen Entwicklung – Werte! Vielleicht ist dieser Teil auch einfach nur unterschätzt. So oder so, bitte lesen Sie diesen Teil sehr sorgfältig. Sämtliche Treiber Ihrer persönlichen Motivation liegen in diesem Teil.

Übrigens können Sie die Grundidee aus diesem Teil auch verwenden, um die Motivation und inneren Treiber anderer Personen herauszufinden.

Der junge Lehrling schaute neugierig: *„Was sind Werte?"*

„Werte geben unserem Leben eine Richtung."

„Wie meinst du das?"

Der Magier entgegnete:
„Nun, wir neigen dazu uns auf die Dinge zu bewegen, die wir wertschätzen und weg von denen, wo wir es nicht tun. Dementsprechend schenken wir unsere Aufmerksamkeit ausgewählten Dingen und anderen wiederum nicht.

Er führte weiter aus:
„Unsere Werte sind wie Filter. Würden wir alles um uns herum wahrnehmen, jede einzelne Information - das wäre schlicht zu viel. Also steuern unsere Werte diese Filter und somit achten wir fast ausschließlich auf das, was uns auch wert-voll erscheint.

Der junge Zauberlehrling biss an:

„Aha, als ich letzte Woche mit meinem Zauberfreund im Wald war und wir gemeinsam auf eine Lichtung schauten, konnte ich die wunderbare Natur sehen und begann zu erzählen. Er hingegen erzählte von all den Dinge, die man dort stattdessen bauen könnte. Das lag an unseren Werten und Filtern, richtig?"
„Du hast es verstanden." war der Magier stolz.

„Aber eine Frage habe ich dennoch..." ließ der Lehrling nicht locker.

Werte steuern unsere Motivation

Sie machen nur was Ihnen auch wichtig ist. Werte beschreiben was Ihnen wichtig ist. Auch wenn Sie vielleicht Dinge tun, die Sie nicht gern tun, Sie tun Sie, weil es auf irgendeinem Level wichtig für Sie ist. Hätte es keinerlei Bedeutung, oder wäre gar unwichtig, dann würden Sie es auch nicht tun. Wenn Sie sich an den kleinen Abschnitt über „etwas Kontroverses" erinnern... hier erhalten Sie eine weitere Antwort darauf, warum jeder in seinem persönlichen Handeln auch einen Nutzen findet.

Vielleicht ist es nicht der offensichtliche Nutzen - ein Nutzen ist auf jeden Fall vorhanden. Ansonsten würde menschliches Verhalten keinen Sinn ergeben.

Die Arbeit mit Werten kann sehr tief gehen und zahlreiche andere Themen aus Bereichen des Coachings und der Persönlichkeitsentwicklung bauen auf der Arbeit mit Werten auf. Ebenso in beruflichen Bereichen wie Führung, Verkauf oder Service, sind werte-orientierte Verhaltensweisen sehr dicht dran an anderen Personen und gerade deshalb so wirkungsvoll.

Woher kommen Werte?

Für Werte und die kontinuierliche Prägung dieser gibt es zahlreiche Einflussfaktoren. Gerade in jungen Jahren spielen unsere Eltern und das Umfeld eine große Rolle, mit zunehmendem Alter kommen mehr und mehr Faktoren dazu. Hier sind einige Bereiche, von denen Sie womöglich schon aus frühester Kindheit stark beeinflusst wurden, um so Ihre Werte zu formen.

Familie
Kultur
Geographie
Religion
Soziale Aspekte
Wirtschaft (Konjunktur/Rezession)
Medien
Freunde
Schule

Wenn Sie sich nun diese Faktoren ansehen, dann können Sie bei jedem einzelnen feststellen, WIE unterschiedlich Werte entstehen können. In einer kurzen Übersicht möchte ich Sie auf ein paar Merkmale dieser Faktoren hinweisen, so dass Sie ein Gespür dafür bekommen.

Familie

Welche Einflüsse und Eindrücke haben Sie von Ihrer Familie mitbekommen. Es macht z.B. einen Unterschied bei der Entwicklung von Werten, ob Sie als Einzelkind oder mit Geschwistern aufgewachsen sind. Waren Sie die einzige Tochter mit vier Brüdern? Oder ein Zwilling? Dadurch entstehen völlig unterschiedliche Präferenzen und Sichtweisen.

Wie war der Erziehungsstil der Eltern? Wurden Sie streng erzogen oder eher locker? Wie sind Ihre Eltern auf Sie eingegangen wenn es Schwierigkeiten gab? Haben Sie Anerkennung gespürt oder fühlten Sie sich auf sich allein gestellt?

All das spielt eine Rolle. Nicht umsonst gibt es eine wirklich große Anzahl von Familientherapeuten und -psychologen. Familiäre Dynamiken begleiten uns in den meisten Fällen ein Leben lang.

Kultur

Heutzutage ist dieser Punkt in Bezug auf Werte sicherlich offensichtlicher als andere. Unterschiedliche Kulturen = unterschiedliche Auffassungen und Meinungen. Allein der „Stellenwert" von Kindern und Erziehung ist in unterschiedlichen Kulturen ganz anders, genau wie zahlreiche andere Faktoren wie Staatsform, Rechtsprechung, Wirtschaft etc.

Durch das Internet und soziale Medien ist es mittlerweile relativ leicht, andere Perspektiven aus anderen Ländern und Kulturkreisen kennenzulernen. Auch unser globales Zusammenleben (beruflich und privat) erlaubt es uns, unseren Horizont sehr stark zu verbreitern und auch offen zu sein für Dinge aus anderen Kulturen.

Mit welchen Kulturen sind Sie in Berührung gekommen? Welche Werte aus welchen Kulturen sagen Ihnen zu und welche überhaupt nicht? Sie können auch hier wieder sehr stark ins Detail gehen. Über Schlaf-, Essens- oder Trinkgewohnheiten, über Rituale, Arbeitsabläufe, Erziehungsstile oder berufliche Einstellungen gibt es wahrscheinlich nichts, was es nicht gibt. Wo liegen Ihre Präferenzen?

Geographie / Umkreis / Umgebung

Woher Sie stammen, hat einen großen Einfluss auf Ihre Werte und Ihre Weltanschauung. Ein Kind, welches in Spanien aufwächst hat ganz andere Werte als ein Kind, welches z.B. in Südafrika oder China aufwächst. Auch innerhalb eines Landes gibt es verschiedene regionale Sichtweisen, Werte und Faktoren, die sich stark unterscheiden können. Bei politischen Wahlen wird dies häufig deutlich.

Werte im Norden Deutschlands sind andere als im Westen, Osten oder Süden. Wenn Sie einmal eine Konferenz oder ein Seminar besucht haben und Sie haben sich mit Menschen aus verschiedenen Städten unterhalten, so merken Sie sofort Unterschiede in den Werten. Hier einfach nur ein paar Gegenüberstellungen für diesen Punkt und unterschiedliche Wertentwicklungen, die sich daraus ergeben.

Dorf, Ort oder Großstadt?
Mietwohnung oder Haus?
Zahlreiche Nachbarn oder eher idyllisch und zurückgezogen?
Laut, hektisch, lebhaft oder ruhig, abgelegen und still?
Nachbarschaftsgemeinde oder jeder für sich?

Sie sehen, anhand dieser Fragen ergeben sich logischerweise völlig unterschiedliche Werte bzgl. der eigenen Umgebung. Sollten Sie in Ihrem Leben umgezogen sein (womöglich sogar ein paar mal), so haben Sie natürlich noch mehr unterschiedliche prägende Eindrücke erleben dürfen.

Religion

Obwohl sich Religionen z.T. ähnlich sind, so sind sie doch z.T. auch sehr unterschiedlich. Und genauso verhält es sich mit Menschen, die einer bestimmten Glaubensrichtung folgen. Genauso ist es von Bedeutung, ob jemand überhaupt gläubig ist oder nicht. Religion, bzw. ein bestimmter Glaube kann sogar ganz massiv Einfluss auf die Werte eines Menschen haben, wie die Geschichte immer wieder gezeigt hat und zeigt.

Kombiniert mit der Herkunft einer Person, spielen die unterschiedlich starken religiösen Einflüsse eine große Rolle und bestimmen das Leben ganz massiv mit.

Soziale Aspekte

Das soziale Umfeld in Bezug auf den Stand- und Wohnort, die Menschen um einen herum usw. haben definitiv einen Einfluss auf unser Wertesystem. In der Schule kommen Kinder häufig zum ersten Mal mit den unterschiedlichsten sozialen Schichten, Ansichten und Weltanschauungen in Berührung und lernen, dass es verschiedene Faktoren des sozialen Umfelds gibt. Dies setzt sich im Erwachsenenalter natürlich fort.

Was Sie womöglich allein aus Filmen kennen, wenn z.B. Ober- auf Unterschicht trifft: Es kann Sympathie herrschen, genauso aber totale Antipathie. Mit welcher Art von Menschen haben Sie als Kind zu tun gehabt bzw., wie waren die Kinder, mit denen Sie gespielt haben? Wie war es als Teenager oder später im Erwachsenenalter?

Sind Sie jemand, der ein sehr freundschaftliches, ja vielleicht sogar schon familiäres Verhältnis zu den Nachbarn pflegt oder haben Sie außer einem gelegentlichen *„Guten Tag."* vor der Haustür noch nie ein Wort miteinander gewechselt? Und wenn ja/nein, warum ist es so, wie es ist, was denken Sie darüber?

Wirtschaft & wirtschaftliche Lage

Die wirtschaftliche Situation im Land (und natürlich auch zu Hause), hat einen großen Einfluss. Stellen Sie sich die Unterschiede vor zwischen jemandem, der in einer Rezession lebt und jemandem, der so etwas nie gekannt hat und immer nur wirtschaftliche Hochzeiten um sich herum hatte. Natürlich kann es solche und solche Auswirkungen haben. Viele reiche Menschen wurde mitten in die Weltwirtschaftskrise hineingeboren. Andersherum gibt es Beispiele von Menschen, die in finanziell völlig abgesicherten Verhältnissen aufgewachsen sind und dennoch einen komplett anderen Charakter entwickelt haben.

Vielleicht ist es der einfachste Weg einfach mal zu überlegen, wie Sie selbst aufgewachsen sind und welchen Stellenwert Geld bei Ihnen zu Hause hatte und wie Sie mit diesem Thema in Berührung gekommen sind. Haben Sie gern Geld ausgegeben und wofür? Oder haben Sie alles gespart (und wofür dieses Mal)?

Medien

Die Medien haben in den letzten Jahrzehnten immer schneller immer größeren Einfluss gewonnen. Sie bestimmen heute durch eine Vielzahl von Möglichkeiten der Kommunikation (TV, Internet, Mobiltelefone etc.) ganz entscheidend die Bildung von Werten mit. Auch mit welchen Themen man sich befasst (Tagesgeschehen, Spielfilme, Realityshows, Comedy etc.) spielt natürlich eine Rolle.

Gerade auch die sozialen Medien und das Internet im Allgemeinen sind einflussreich. Waren wir früher fast ausschließlich abhängig von den Informationen der Journalisten und den dazugehörigen Zeitungen, Fernsehsender etc., so kann heute jeder mit einem Internetzugang etwas mitteilen und dafür auch Gehör finden. Eine sehr interessante Entwicklung.

Und, wenn man einmal das Internet betrachtet: Es ist völlig klar, dass es eine ganze Menge Müll dort gibt, egal wie man „Müll" definiert. Auf der anderen Seite haben wir heute Möglichkeiten, uns Wissen, Fähigkeiten und Qualifikationen anzueignen, die es so vorher nicht gab. Diese Entwicklung ist wohl noch lange nicht am Ende. Auch hier ist wieder die entscheidende Frage: Wenn Sie fernsehen, was sehen Sie (wie oft, in welcher Gesellschaft, in welcher Stimmung)? Wenn Sie im Netz surfen, auf welchen Seiten? Wenn Sie Bücher lesen, welche?

Freunde

Jemand hat mal gesagt, dass die Person, die wir werden, von zwei Dingen abhängt: Die Bücher, die wir lesen und die Menschen, mit denen wir uns umgeben. Freunde sucht man sich gemäß bestimmter individueller Vorstellungen selber aus. Und je mehr Zeit man mit ihnen verbringt, desto mehr Einfluss nehmen sie natürlich auch auf unsere Werte (und wir auf ihre).

Eine andere Weisheit ist, dass man der Durchschnitt der fünf Menschen ist, mit denen man sich am meisten umgibt. Die Menschen, die sich um einen herum befinden sind ein starker Einflussfaktor für unsere Werte. Mit ihnen tauschen wir uns aus, wir vertrauen uns ihnen an, hören ihnen zu, reden mit ihnen über Ideen usw.

Spielen Sie einfach mal folgende zwei Freundschaften durch:

Auf der einen Seite haben Sie einen Freund, der sehr erfolgreich ist in dem was er tut. Er ist fleißig, diszipliniert, hilfsbereit, inspirierend und einfach cool drauf. Auf der anderen Seite gibt es den anderen Freund. Er bringt nicht wirklich etwas zu Stande, macht äußere Umstände dafür verantwortlich und ist stark auf seine eigenen Interessen fokussiert. Er nimmt Ihre Hilfe häufig in Anspruch ohne auch nur einen kleinen Part für Sie zu tun.

Glauben Sie, dass diese beiden (völlig unterschiedlichen) Menschen einen Einfluss auf Ihre Werte haben, auf Ihr Weltmodell? Auf jeden Fall! Denn in den meisten Fällen ist es nicht nur eine Person mit bestimmten Eigenschaften, sondern gleich mehrere. Bedenken Sie stets eine Sache in Bezug auf Ihre Ziele: Welche Werte sind dafür von Vorteil und welche Werte vermitteln mir meine gegenwärtigen Freunde?

Schule

Die Schule ist ein Ort, der die Zeit bis zum Erwachsensein ganz entscheidend in unserer Entwicklung mitprägt. Unterschiede sind z.B. die Art der Schule, die Größe und Aufteilung der Klassen, Schule oder Internat usw.

Ebenfalls prägend ist die Frage, ob Sie in der Schule fair behandelt wurden, ob Sie gute Noten hatten und Anerkennung erfahren haben. Oder war es mehr eine Last zur Schule zu gehen und Sie sind noch heute froh, nicht mehr da sein zu müssen (von den vielen Ferien einmal abgesehen ;-))?

Am einfachsten ist es stets sich unter einem der genannten Aspekte zwei oder mehr verschiedene Personen in unterschiedlichen Extremsituationen vorzustellen. Dadurch kann man u.a. einen Eindruck bekommen WIE unterschiedlich diese Faktoren auf unsere Werte-Entstehung einwirken.

Zu Beginn haben Sie bereits die unterschiedlichen Entwicklungsstufen nach Massey kennengelernt, die hier natürlich ebenfalls eine Rolle spielen. Insgesamt ist es ein Konstrukt, in dem zahlreiche Faktoren mit einwirken. Hier geht es zunächst einmal um ein paar Basics, damit Sie damit arbeiten können, um sich in Ihrem gewünschten Bereich entsprechend verändern zu können.

Können sich Werte verändern?

Es wird oftmals davon ausgegangen, dass Werte fest verankert sind, quasi in Stein gemeißelt. Und obwohl es stimmen mag, dass wir z.T. sehr tief mit unseren Werten verwurzelt sind, so sind sie doch veränderbar. Und zwar leicht und schnell.

Der schnellste Weg Werte zu verändern, ist durch emotionale Ereignisse in Ihrem Leben. Je emotionaler die Erfahrung, desto schneller und intensiver ist eine Werteverschiebung möglich. Als negatives Beispiel kann man den 11. September 2001 nennen. An diesem Tag habe sich viele Werte verschoben, und das wohl weltweit und in den unterschiedlichsten Formen.

In kleineren Maßen und bezogen auf Sie persönlich ist es genauso möglich. Stellen Sie sich ein Ereignis vor, welches Sie wirklich berührt (positiv wie negativ) und schon gewinnen verschiedene Werte unterschiedlich an Bedeutung, während andere vielleicht an Bedeutung verlieren.

Ereignisse wie Geburten, Todesfälle usw. sind sicherlich Ereignisse, die bei Betroffenen und Angehörigen zu neuen Überzeugungen führen.

Aber auch im Alltag können sich Werte verändern. Vergessen Sie nicht: Werte sind das, was uns wichtig ist. Und Sie kennen sicherlich das Gefühl, dass Ihnen auf einmal etwas nicht mehr wichtig war oder plötzlich geworden ist. Sie können, wenn Sie wollen, einfach entscheiden was Ihnen wichtig ist und was nicht. Die Königsdisziplin ist, wenn Sie Ihre Ziele in den Vordergrund stellen und sich dann fragen: Welche Werte benötige ich, um diese Ziele zu erreichen?

Häufig spielen Emotionen dabei eine ebenfalls sehr große Rolle.

Wichtig ist für Sie, dass Sie natürlich nicht auf ein zufälliges, emotionales Ereignis warten müssen, um Ihre Werte zu verändern. Und darum geht es hier. Außer den Hintergründen zu Werten erfahren Sie wie Sie, Ihre Werte so aufstellen, dass Sie als treibende Kraft fungieren, Sie auf dem Weg zu Ihrem Ziel unterstützen und Ihnen nicht im Weg stehen.

Warum erzähle ich das alles?

Es gibt zwei Gründe. Zum einen glauben viele Menschen, dass sie ihre Werte die ganze Zeit über bewusst wählen. Doch alle Faktoren, wie die vorher genannten Ursprünge der Werte, entstehen aus verschiedenen Zutaten und vor allem über Zeit.

Und zweitens sind Werte formbar. Das bedeutet, dass Sie ganz bewusst und aktiv Ihre Werte verändern können. Sie können Werte annehmen, die Ihnen helfen und Sie nach vorne bringen. Und, vielleicht ist das noch wichtiger, Sie können Werte erkennen und loswerden, die Ihnen bislang stets im Weg standen und von denen Sie nicht einmal wussten, dass es sie gibt. Geschweige denn, dass Sie deren negative Wirkung kannten.

Was Motivation wirklich ist

Das Wort Motivation fasziniert Menschen. Alle wollen sie, wenige wissen wie sie sich selbst motivieren können. Es gibt Bücher, Seminare, CDs, Motivationstrainer und noch vieles andere mehr. Anscheinend fehlt es vielen Menschen an Motivation, zumindest sehnen sie sich danach.

Dabei macht es überhaupt keinen Sinn, Motivation künstlich zu schaffen oder jemanden einfach nur temporär anzustacheln. Dauerhaft hat dies keinen Bestand, weil es einfach nur ein kleiner Reiz von außen ist.

Jeder von uns hat ein unterschiedliches Modell von unserer Welt – jeder hat sein persönliches Weltmodell. Und in diesem Weltmodell sind Werte ein zentraler Punkt.

Sie bestimmen die Schlüsselfaktoren, die entscheiden was uns motiviert und was nicht. Werte sind die Basis unserer Überzeugungen und unserer Einstellungen.

Fälschlicherweise wird fehlende Motivation häufig als Einstellungsproblem festgemacht. Jedoch bestimmen die darunterliegenden Werte, ob uns etwas motiviert oder nicht. Wenn Ihnen etwas nicht wichtig ist, dann ist es schwer dafür Motivation aufzubringen. Und warum ist es Ihnen nicht wichtig? Weil es in Ihrer persönlichen Wertehierarchie einfach nicht hoch genug angesiedelt ist.

Mal angenommen Sport und Fitness sind Ihnen wichtig. Aber auf Platz 1 Ihrer persönlichen Werte steht Entspannung. Im Zweifelsfall kann der Sport noch so attraktiv sein, solange Ihnen Entspannung wichtiger ist, werde Sie sie dem aktiven Sport vorziehen.

Es gibt da natürlich noch ein Hintertürchen…

Ein Wert kann sehr tief verwurzelt sein und Handlungen steuern, die erstmal was ganz anderes ausdrücken. Leider hört man nicht wenige Menschen immer wieder sagen, dass sie ihre berufliche Tätigkeit nicht mögen. Aber sie gehen trotzdem hin, jeden Tag! Der Wert, der sie dies tun lässt, könnte sein, dass sie mit dieser ungeliebten Tätigkeit (ihrem Job) Geld verdienen, um sich einen bestimmten Lebensstandard leisten zu können. Und DAS wiederum steht in den Werten wahrscheinlich weit oben.

Am Ende geht es immer darum, dass ein Wert befriedigt wird. Allein durch ein Hinterfragen bestimmter Zusammenhänge können Sie sehr schnell herausfinden, woran es vielleicht gerade klemmt oder was Ihnen weiterhelfen könnte.

Der Magier hob eine Augenbraue. Er war gespannt, was der Lehrling jetzt noch wollte, er schien das Konzept verstanden zu haben.

„Und die wäre?“

„Ich frage mich, ob wir unsere Werte ein Leben lang behalten oder ob sie sich auch verändern.“

Der Magier lächelte.
„Eine gute Frage. Die Frage ob sich Menschen überhaupt ändern können oder das eben nicht tun, beschäftigt ja viele Menschen. Nun, es ist so. Es gibt bestimmt Grundwerte und diese ändern sich nicht. Darum gibt es noch mehr Werte und die ändern sich, genau wie deine Erfahrungen, Fähigkeiten und Talente. Wenn du bestimmte Werte veränderst, kann das sogar eine Veränderung deines Wesens bedeuten, weil sie mit deiner Identität zu tun haben.“

Der Zauberlehrling machte sich auf den Weg zum Bücherregal. Diese kurze Antwort gab ihm zu denken und er wollte noch eine Weile allein weiterlesen. Es schien ihm ein sehr wichtiges Thema zu sein und war gespannt mehr zu erfahren.

Ermittlung der eigenen Werte

Bevor es nun weitergeht, ermitteln Sie zunächst einmal Ihre eigenen Werte.
Sie können hier zwei verschiedene Varianten wählen.

Entweder Sie wählen einen bestimmten Bereich Ihres Lebens aus und bestimmen für diesen Bereich Ihre Werte. Dies kann ein allgemeiner Bereich sein (Gesundheit, Job, Finanzen, Beziehungen etc.) oder auch ein sehr spezifischer (Sportart, ein Hobby, Ihre Kinder etc.). Stellen Sie sich selbst folgende Frage:

Was ist mir wichtig in Bezug auf ______________________________ ?

Und dann zählen Sie alles auf, was Ihnen dazu in den Sinn kommt. Ohne darüber nachzudenken oder ein Urteil zu fällen. Zählen Sie alles auf. Je länger Sie darüber nachdenken, desto mehr kramen Sie Informationen und Werte aus den Tiefen Ihres Unbewussten heraus. Oft sind dies die wichtigsten Werte. Nehmen Sie sich hierfür ein wenig Zeit. Denn zu Beginn fallen Ihnen meist eher oberflächliche Dinge ein oder sogar Werte, die nicht einmal Ihre eigenen sind.

Der Grund dafür ist einfach. Am Anfang fallen uns häufig standardisierte Antworten ein und erst nach einem kurzen Moment kommen die Sachen aus dem Unbewussten hoch. Um genau diese Dinge geht es.

Die zweite Möglichkeit ist, dass Sie Ihre Lebenswerte ermitteln. Die Vorgehensweise ist dieselbe. Die Frage hierzu lautet:

Was ist mir im Leben wichtig?

„Es ist nicht schwer Entscheidungen zu treffen, wenn du weißt, was deine Werte sind.“ **Roy Disney**

Wenn Sie die komplette Liste haben, und nur dann, folgt nun Schritt Nr. 2. Ordnen Sie diese Wert nun nach ihrer Wichtigkeit. Und zwar so, wie es bislang (gemessen an der Vergangenheit bis zum heutigen Tag) tatsächlich gewesen ist – nicht so, wie sie es gern hätten!

Dieser Schritt ist sehr wichtig. Viele Menschen ordnen die Hierarchie der Werte so, wie sie *wünschten*, wie es wäre. Bedenken Sie, dass die tatsächliche Reihenfolge Sie genau dorthin geführt hat, wo Sie heute stehen. Es erfordert absolute Ehrlichkeit – brutale Ehrlichkeit!

Die Sache mit dem Geld

Ein Kollege von mir hatte mal einen Fall, in dem ein Kunde zu ihm kam und ihn bzgl. Coaching ansprach. Sein Problem war, dass er für seine Bedürfnisse zu wenig Geld verdiente und dies ändern wollte.

Als sie die Übung durchführten, die Sie gerade absolviert haben, setzte dieser Kunde den Wert „Geld verdienen" an erste Stelle. Er sagte, dass es ihm das Wichtigste überhaupt sei, Geld zu verdienen. Es war ihm die wichtigste Sache der Welt. Im Laufe weniger Minuten stellte sich heraus, dass der Kunde allerdings nichts unternahm, um auch tatsächlich Geld zu verdienen. Er war Schauspieler bzw. er wollte einer sein.

„Hast du Bilder von dir?" „Nein"
„Hast du einen Agenten oder eine Agentur?" „Noch nicht"
„Hast du schon Vorsprechen organisiert?" „Nein"
So ging das eine Weile und schließlich stellte sich heraus, dass ihm Geld verdienen zwar wichtig war, dass aber Entspannung noch wichtiger war. Schließlich spielte er ca. drei bis vier Stunden täglich Videospiele auf der Couch, bevor andere Dinge dran waren.

Auch wenn es vielleicht zum jetzigen Wissenstand ein wenig amüsant erscheinen mag, es gibt zwei wichtige Punkte.

1. Natürlich hatte er die Werte nicht nach der tatsächlichen aktuellen Hierarchie geordnet, sondern so, wie er es gern gesehen hat.

2. Er war sich dieser Tatsache nicht bewusst.

Als er gefragt wurde, hatte er keine Schwierigkeiten relativ überzeugend zu vermitteln, dass Geld verdienen das Wichtigste für ihn überhaupt sei. Und er vertrat diesen Glauben auch überall, wo er hinkam.

Er war sich nicht darüber im Klaren, dass er es sich bewusst zwar so ausgemalt hatte, dass es aber im Unbewussten anders aussah und seine Handlungen natürlich dem entsprachen, was er unbewusst verankert hatte.

Es ist herausfordernd

Bei dieser Aufgabe kann es zu so mancher Herausforderung kommen, gerade wenn man damit konfrontiert wird, dass man doch nicht so ganz „richtig" aufgestellt ist, wie man zu glauben wagte. Und auch wenn es so sein sollte – fordern Sie sich heraus. Es ist ein gutes Zeichen, denn damit haben Sie die ersten Schritte in eine andere Richtung unternommen.

Ein anderes Beispiel war eine Kundin von mir. Für sie war das erklärte Ziel ihr eigener Chef zu sein. Sie nannte Werte wie Freiheit und Unabhängigkeit und noch andere Aspekte. Sie war angestellt in einem Job, den sie hasste und wollte etwas anderes machen – allerdings schon seit einiger Zeit.

Sie unternahm nichts, um sich ein eigenes Geschäft aufzubauen, eines zu übernehmen, in eines mit einzusteigen oder sich für eine Position zu bewerben, die ihr die genannten Werte bieten konnte. Sie hatte die Bedeutung eines Wertes für sich selbst übersehen: Sicherheit! Ihr alter, verhasster Job bot ihr jene Sicherheit, die ihr ein eventuelles Wagnis mit einem neuen Job nicht sofort bieten konnte. Und in der tatsächlichen Hierarchie stand Sicherheit über den zuvor genannten Dingen. Nur hatte sie es nicht so eingeschätzt.

Warum es so wichtig ist

Ich habe Ihnen zwei Beispiele genannt. Dieser Punkt ist wirklich wichtig, denn Werte steuern Ihre Motivation. Darüber hinaus bestimmen Werte auch, wie Sie Ihre Zeit verbringen und wofür Sie Ihr Geld ausgeben.

Werte sind auch eine Reflektion unserer Welt. Nach ihnen richten wir unser gesamtes Handeln aus. Sind Sie sich über Ihre Werte im Klaren, so können Sie viel schneller, gezielter und damit auch einfacher und effektiver entsprechende Veränderungen einleiten.

Ich will ehrlich zu Ihnen sein. Es kann zu Konflikten zwischen verschiedenen Werten kommen. Diese Wertekonflikte kann man natürlich ebenfalls ausräumen, doch so tief gehen wir an dieser Stelle erst einmal nicht.

Es geht hier zunächst darum ein Gefühl für die Arbeit mit Werten zu bekommen, um diese richtig auszurichten und entsprechend in Einklang zu bekommen. Wenn Sie sich nun Ihre bisherige Werteliste ansehen und vielleicht sagen: Im Augenblick mache ich gar nichts davon! Dann nehmen Sie es als Weckruf. Es gibt eine schöne englische Redewendung: „*We either pay attention or we pay with pain.*". Das Äquivalent dazu wäre vielleicht *Wer nicht hören will, muss fühlen.*

Und es stimmt. Wenn Sie es versäumen auf Ihre Werte zu hören, dann spüren Sie dies früher oder später auf wahrscheinlich unangenehme Weise. Physisch, emotional oder mental.

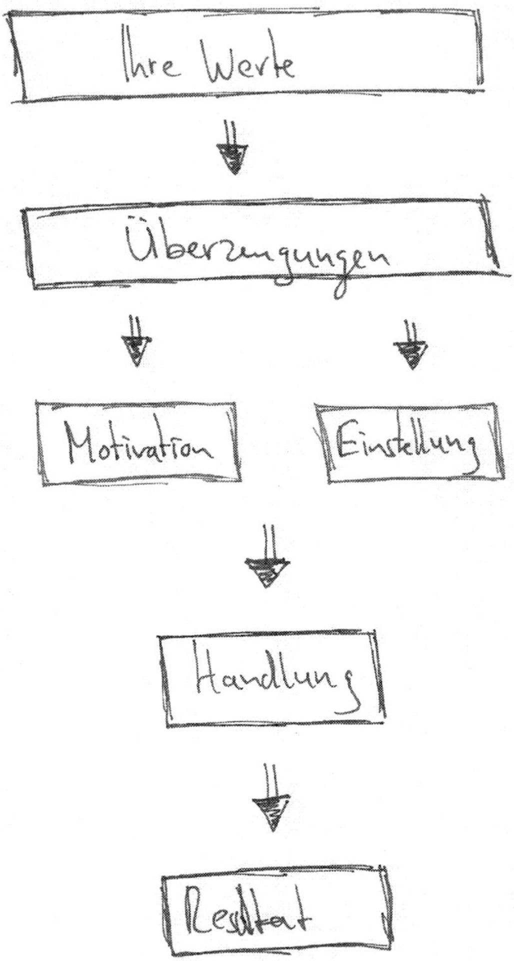
Ihre Werte
Überzeugungen
Motivation
Einstellung
Handlung
Resultat

Wir haben in vielen Hinsichten die Angewohnheit, innere Unausgeglichenheiten erst einmal nicht zu ernst zu nehmen. Dabei merken wir nicht, wie sich eine scheinbar dünne Schnur immer enger um uns zieht, bis es äußerst unangenehm oder sogar schmerzhaft ist.

Auch dafür ist die Arbeit mit Werten wichtig. Wenn es also bislang unbequem gewesen ist, sehen Sie es als Weckruf. Denn das bedeutet, dass Sie neue Richtungen einschlagen können und diese womöglich auch eher gehen als wenn sich alles „ok" anfühlt.

Allein mit der Durchführung dieser simplen Übung können Sie eine Menge neuer Richtungen einschlagen.

Und zu Ihrer Orientierung: Wir sind noch immer dabei das VORHER-Bild zu konzipieren. Allerdings sind wir hier bereits in den letzten Zügen, bevor es dann an die Kreation des NACHHER-Bildes geht

Nehmen Sie sich nun am besten die Zeit Ihre aufgeschriebenen Werte in die für Sie passende Hierarchie zu bringen. Sofern Sie es nicht bereits getan haben, ist jetzt ein geeigneter Zeitpunkt dafür.

„Preis ist, was du zahlst. Wert ist, was du bekommst." **Warren Buffett**

Oft glauben Menschen, dass es beim ersten Mal perfekt sein muss. Aber machen Sie sich diesbezüglich keine Gedanken. Zahlreiche Menschen unternehmen nichts, bevor es nicht „perfekt" ist. Es ist niemals perfekt, wenn man etwas beginnt. Wenn es überhaupt jemals perfekt wird oder ist, so geschieht es auf dem Weg dorthin mit den notwendigen Erfahrungen, Erkenntnissen und Veränderungen.

Das liegt daran, dass ein Ziel bzw. eine Vision erst entwickelt werden muss und diese wird klarer, je weiter man sich nach vorn bewegt. Und dieser Prozess kann auch ein Leben lang gehen. Es ist wichtig für sich und seine persönliche innere Ruhe, mit dieser Einstellung an die Sache zu gehen. Ich selbst zähle mich da zu den Schuldigen. Mein eigener Anspruch war natürlich Perfektion und bitteschön auch gleich beim ersten Mal.
Was für ein Quatsch!

Mit dieser Einstellung konnte ich ausschließlich scheitern. Oder haben Sie etwas gleich beim ersten Mal perfekt gekonnt? „Nur" weil es hier um die Entwicklung der eigenen Persönlichkeit handelt, heißt dies keinesfalls, dass man es auf die leichte Schulter nehmen sollte. Es geht hier um nichts Geringeres als Ihr und mein persönliches Glück.

Walt Disney hat einmal gesagt, angesprochen auf seine Zukunft und wie sie denn sein würde: *„Ich weiß es nicht, aber es ist da draußen und es glitzert und funkelt."* Cooler Typ, mehr ist dazu nicht zu sagen.

Werte der Ideal-Person

Sie haben jetzt Ihre eigenen Werte ermittelt und sie anschließend in die derzeitige Reihenfolge gemäß Ihrer aktuellen Wichtigkeit gesetzt, zwei wichtige Schritte.

Es ist an der Zeit, den ersten Schritt in Richtung NACHHER-Bild zu machen. Hierfür arbeiten wir nun an den Ideal-Werten, die Sie haben oder besser gesagt: An den Werten der Idealperson, die Sie gern sein möchten. Eine perfekte Version Ihrer selbst sozusagen.

Dabei geht es nicht zwingend um eine 180 Grad Drehung. Es ist vielmehr eine Optimierung. Die Werte, Überzeugungen etc., die Sie verändern möchten, sind alte Ansichten, die Sie nicht mehr unterstützen und nun durch andere ersetzt werden, die im Einklang mit Ihren gegenwärtigen Zielen stehen. Bedenkt man es richtig, so machen wir alle das, unser ganzes Leben lang. Wir sind alle immer wieder auf der Suche nach Dingen, die unser Leben scheinbar besser machen und dementsprechend handeln wir.

Hier haben Sie nun die Möglichkeit, gezielt und ohne Zufallsfaktoren an sich zu arbeiten. Vergessen Sie hierbei niemals das Ursache-Wirkung-Prinzip. SIE haben die Verantwortung und SIE kreieren die Ergebnisse.

Das nächste Stück

Das nächste Stück in diesem Teil handelt von den Werten der Idealperson, die IHR Ziel spielerisch erreicht. Vielleicht haben Sie schon die eine oder andere Vorstellung von dieser Person und Ihren Qualitäten, also der idealen Version von sich selbst.

Machen wir es spielerisch. Sie stellen sich hierbei sich selbst auf einem weißen Bildschirm vor. Und auf diesem Bildschirm sehen Sie Ihr ideales Ich (mit der bereits realisierten Vision oder dem realisierten Ziel).

Und dann überlegen Sie: Was muss für diese Person wichtig gewesen sein, um die entsprechenden Ziele/Visionen zu realisieren? Sie können es dabei wissen, es raten, es halluzinieren... Wie Sie zu einem Bild gelangen, ist zunächst einmal nicht wichtig. Je häufiger Sie sich mit dem Bild beschäftigen und sich gedanklich hineinarbeiten, desto einfacher und deutlicher wird es.

Natürlich befassen Sie sich wieder mit dem von Ihnen gewählten Bereich. Wenn Sie an einer Stelle nicht weiter wissen in Bezug auf das Bild... Raten Sie!

Wenn Sie dabei auf etwas Negatives stoßen... super! Denn dann haben Sie eine limitierende Entscheidung entdeckt und Sie haben einen weiteren Anhaltspunkt, an dem Sie ansetzen können.

Der musik-begleitete Teil dauert ca. 6 Minuten für diesen Prozess.

Schreiben Sie nun bitte die Werte der Ideal-Person bzgl. Ihres Ziels / Ihrer Vision auf.

„Man sollte nicht an das Resultat denken. Man reist nicht, um am Bestimmungsort anzukommen, sondern um zu reisen." **Johann Wolfgang von Goethe**

K.R.E.A.T.I.O.N. - Hoffnung ist keine Strategie!

„Wenn du etwas wirklich willst, findest du einen Weg. Wenn nicht, findest du eine Entschuldigung." **Anonym**

Ein großes Thema einfach gemacht

Ziele erreichen, Visionen planen und die notwendigen Schritte unternehmen. Es scheint ein endloses Thema, welches vor allem eines zeigt: Es gibt Bedarf, zu viele Menschen erreichen ihre Ziele nicht!

Ich selbst habe Bücher über Bücher zu diesem Thema gelesen, Seminare besucht und Lernprogramme absolviert. Die Gründe, die zum Nicht-Erreichen eines Ziels führen, sind auf zwei runter zu brechen.

Erstens: *Man fühlt sich dem Ziel emotional nicht genug verbunden.*
Zweitens: *Man gibt zu früh auf bzw. hält nicht lang genug durch.*

Es gibt natürlich noch weitere Möglichkeiten, wie z.B. falsche Strategien, die Angst zu versagen und ähnliches, doch letztlich ist es stets einer der beiden genannten Punkte, die als Hauptmerkmal genannt werden können.

Niemand hat je ein bedeutendes Ziel erreicht, bloß weil er/sie daran interessiert war. Man muss sich der Sache verschreiben. Bislang haben Sie bereits einige Übungen absolviert, die Ihnen helfen, Ihren Zielen näher zu kommen.

Mal angenommen, Sie gingen mit der 100%igen Überzeugung in die Inhalte und Übungen hier und mit der Gewissheit, dass es auf jeden Fall Ihr Schlüssel zum Erfolg ist. Würden Sie sich dem Programm zu 100% verschreiben? Wahrscheinlich schon, oder?

In all meinen Studien und Recherchen stoße ich immer wieder an diesen Punkt: *Durchhaltevermögen* übertrumpft sogar Talent als die wichtigste eingeschätzte Eigenschaft, wenn es darum geht, Ziele zu erreichen und die eigene Lebensqualität zu erhöhen. Es gibt unzählige Erfolgsgeschichten, die von den unglaublichsten Tiefschlägen handeln und doch haben manche Menschen es geschafft.

Nochmal zurück zu den beiden Ursprungspunkten. Viel zu oft beginnen Menschen nicht einmal mit der Realisierung eines Ziels, weil sie Angst vor einem möglichen Scheitern haben. Eine Frage: Wenn Sie etwas in Ihrem bisherigen Leben wirklich wollten, also so sehr, dass Sie nichts aufhalten konnte, war die Chance zu scheitern kleiner? Und wenn nein, hat Sie das interessiert?

Was ich damit sagen möchte ist, dass, wenn eine große emotionale Bindung zu einem Ziel besteht, Gründe für mögliches Scheitern viel kleiner erscheinen, weil man sich sagt: Egal, ich mache es trotzdem! Ich finde einen Weg!

Der Glaube an den Erfolg, der Wille etwas erreichen zu wollen, die Überzeugung etwas auch zu schaffen… all das sind Konstrukte des Verstands. Und Sie glauben daran, weil Sie das Ziel, bzw. ein mögliches Erreichen, emotional packt. Jedoch heißt es nicht, dass die Umstände, die von außen eine Rolle spielen, deshalb andere sind. Sie *erscheinen* anders. Deshalb packen wir sie anders an. Mit besseren Ressourcen, mit positiver Grundeinstellung, Kreativität und Mut.

3 Fuß entfernt vom Gold

Napoleon Hill erzählte u.a. folgende Geschichte, die vom Aufgeben handelt, und von dem, was einem durch die Lappen gehen kann:

Die Geschichte handelt von R.U. Darby, der später einer der erfolgreichsten Versicherungsverkäufer der Vereinigten Staaten wurde. Sein Onkel wurde vom großen Goldrausch ergriffen und machte sich auf, um seinen Teil davon zu finden. Der Weg dorthin war beschwerlich, aber die Lust auf das Gold war größer.

Nach Wochen der Schufterei fand er ein glänzendes Stück Eisenerz. Er benötigte eine Maschine, um es freizulegen und machte sich auf den Rückweg. Also markierte er die Stelle und präsentierte der Familie seinen „Fund". Alle legten zusammen, um die notwendige Maschinerie zu kaufen und Darby und sein Onkel kehrten zurück zur Mine und gruben eine Wagenladung Erz frei.

Sie brachten es zu einem Schmelzer und es stellte sich heraus, dass sie auf eine sehr gute Mine gestoßen waren. Ein paar Wagenladungen später waren die Schulden getilgt und sie begannen Profit zu machen.

Doch dann war die Mine erschöpft, das Ende des Regenbogens war erreicht. Sie bohrten weiter mit der Hoffnung auf mehr, doch es folgte nichts mehr. Sie hörten schließlich auf. Sie verkauften die Maschine für ein paar hundert Dollar und fuhren mit dem Zug heim.

Der Käufer war clever. Er rief einen Mineningenieur, welcher Berechnungen über die Mine anstellte. Der Ingenieur fand heraus, dass die Darbys Fehlleitungen nicht kannten und dass nur drei Fuß hinter der Stelle, an der sie aufgehört hatten zu bohren, der Strom weiterfloss.

Der Käufer machte Millionen, weil er wusste, wo er einen Experten fand, der ihm sagen konnte, was er wissen musste.

Darby selbst lernte einiges aus dieser Lektion und sagte zu sich selbst: „Ich hörte drei Fuß vom Gold entfernt auf, aber ich werde nie aufhören Versicherungen zu verkaufen, nur weil Menschen Nein sagen." Er lernte sein Durchhaltevermögen vom Aufgeben beim Suchen nach Gold.

Das WAS ist wichtiger als das WIE

Eine Aufgabe bzw. ein Ziel, mit dem man sich emotional verbunden fühlt, gibt man nicht ohne Weiteres auf. Ich fragte in einem Seminar einmal die Teilnehmer, ab wann sie einem Kind im Durchschnitt nicht mehr beibringen wie man läuft bzw. wie vieler Fehlversuche es bedarf, bevor sie aufgeben. Und die Blicke, die ich erntete waren merkwürdig. Denn natürlich, so die Antwort, würden sie ihren Kindern so lange das Laufen beibringen BIS das Kind läuft.

Was für eine magische Formel. Bei Zielen gibt es selten einen festgelegten Zeitpunkt für das finale Erreichen. Man hält durch BIS es erreicht ist.

In diesem Teil geht es nun um Werkzeuge und Anwendungen, genau genommen die strategische Bildung Ihrer Vision, die Ihnen helfen, Ziele so in Ihrer Zukunft gedanklich zu platzieren, dass sie auch eintreten.

Der Prozess hilft, die unterbewussten Erwartungen von Moment zu Moment zu steuern. Denn, eine weitere wichtige Erkenntnis beim Verfolgen und Erreichen von Zielen, wir bekommen nicht, was wir wollen, sondern was wir erwarten.

Viele, zu viele, Menschen gehen durch ihr Leben mit einer unbewussten Angst zu versagen. Aus dieser Angst heraus hört man nicht selten Aussagen, wie: *Ich erwarte nichts, dann kann ich auch nicht enttäuscht werden.*

Erwartungen, die wir unbewusst haben, beeinflussen und bestimmen unsere Handlungen entscheidend. Und mit Aussagen wie der genannten, habe ich einmal folgende Aussage gehört (leider ist die Quelle unbekannt): *Nichts zu erwarten sind Erwartungen ans Nichts...*

Erwartungen haben bedeutet die Kontrolle zurück zu gewinnen

Erwartungen bestimmen unsere Ergebnisse. Nehmen wir als Beispiel einen Verkäufer oder jemanden, der in einem Club jemanden ansprechen möchte. Beide zögern und lassen es. Ganz einfach weil sie, bewusst oder unbewusst, Angst haben, zurückgewiesen zu werden.

Und in verschiedenen Situationen ist es ähnlich. Jemand, der etwas für die Figur tun möchte und nicht ins Fitness-Studio geht, aus Angst andere könnten etwas denken, tuscheln o.ä.

Was uns dabei völlig entgleitet ist, dass wir unbewusst (in diesem Fall negative) Erwartungen haben, die unser Handeln negativ beeinflussen oder gänzlich hemmen.

Die Kontrolle über diese Erwartungen zu gewinnen (oder zurückzugewinnen) ist also wirklich die Macht und Kontrolle über sich selbst zurückzugewinnen. Es mag banal klingen, jedoch wurden in der gleich folgenden Anwendung ein paar Veränderungen zu gewöhnlichen Ziel-Aufgaben gemacht, um das Ganze erheblich zu steigern.

Seien Sie nicht wie Alice

Wie bereits erwähnt, ist das WAS wichtiger als das WIE. Genau genommen muss ganz klar definiert sein, WAS Sie erreichen möchten. Viele Menschen machen den Fehler, nur vage zu formulieren, was sie eigentlich wollen und zerbrechen sich dann über das WIE so lange den Kopf, dass sie im Prozess verloren gehen. Auch hier gilt: Je stärker das WAS ist, desto klarer wird das WIE. Je mehr Details Sie zu einem Bild, einer Vision oder einem Ziel hinzufügen, desto klarer wissen Sie, was zu tun ist.

Durch zu viele Gedanken an das WIE verlieren Menschen die Zielsetzung völlig aus den Augen. Als John F. Kennedy 1960 stolz erzählte, dass innerhalb eines Jahrzehnts ein Mensch den Mond betreten würde, gab es die dafür notwendige Technologie überhaupt noch nicht. Nichtsdestotrotz hielt er an dieser Erwartung fest und vor Ende der 60er, am 20. Juli 1969, betrat Armstrong als erster Mensch den Mond. Kennedy war sich über das WAS im Klaren, obwohl das WIE noch in den Sternen stand. Es gibt viele Beispiele wie dieses.

Wenn Sie nicht wissen, was Sie eigentlich wollen, könnten Sie wie Alice im Wunderland enden: Sie fühlen sich verloren, wandern ziellos umher und machen sich abhängig von anderen, die Ihnen sagen, wo Sie hinsollen oder -müssen:
„Würdest du mir bitte sagen, wie ich von hier aus weitergehen soll?"
„Das hängt zum großen Teil davon ab, wohin du möchtest.", sagte die Katze.
„Ach, das ist mir eigentlich gleichgültig.", entgegnete Alice.
„Wenn es dir egal ist, wo du ankommst", meinte die Katze *„dann ist es auch egal, welchen Weg du nimmst."*

Vielleicht gehören Sie auch zu den Menschen, die von sich sagen *Ich habe mir schon so viele Ziele gesetzt, aber so gut wie nie erreiche ich diese auch.*

Die richtige Formulierung ist dabei ein häufig unterschätztes Kriterium. Ähnlich wie bei einem Kochrezept. Wenn Sie bestimmte Zutaten vergessen und den Vorgang dennoch normal absolvieren, erhalten Sie wahrscheinlich ein Ergebnis, welches Sie nicht zufrieden stellt.

Zunächst sind diese Zutaten wichtig. Sie können sich an der K.R.E.A.T.I.O.N – Formel orientieren

Mit K.R.E.A.T.I.O.N. effektiv Ziele erreichen

„Gewinnen ist nicht alles. Aber es zu wollen, ist alles." **Vince Lombardi**

Es folgt eine Formel (ein Akronym), die alle wichtigen Kriterien bei der Formulierung von Zielen berücksichtigt. Am Ende bekommen Sie von mir noch Vorschläge zur praktischen Umsetzung. Es ist wichtig, dass ALLE Kriterien in dieser Formel berücksichtigt werden.

Zu diesem Zeitpunkt ist es natürlich ebenfalls wichtig, dass Sie für sich wissen, warum es ein für Sie lohnenswertes Ziel ist. Fragen Sie sich, was es Ihnen persönlich gibt bzw. was Sie davon haben, wenn Sie es erreichen. Wie werden Sie sich fühlen, wenn Sie es geschafft haben und wie wird es Ihr Leben beeinflussen?

Diese Fragen können Sie sich vor jeder Zielformulierung stellen, um den Wert des Ziels herauszukristallisieren.

Los geht es mit dem Synonym K.R.E.A.T.I.O.N. ...

K – Klar und Deutlich

Ziele müssen stets einfach formuliert und verständlich sein, spezifisch und genau. Bei einem finanziellen Ziel verwenden Sie konkrete Zahlen und keine Begriffe wie „reicher" oder „mehr", das ist zu allgemein.

Stellen Sie sich vor, Ihr Ziel ist es, im nächsten Quartal mehr Geld zu verdienen. Steht auf der Gehaltsabrechnung dann ein Euro mehr, so wäre es „mehr Geld", aber wahrscheinlich nicht, was Sie sich versprochen hatten.

Genauigkeit ist wichtig. Darüber hinaus ist es am besten, wenn Sie Ihr Ziel kurz und knapp formulieren. Je länger und umfangreicher es ist (mit mehreren Absätzen, Kommata, Formulierungen wie „deswegen" „weil" usw.), desto schwerer ist es zu greifen, auch gedanklich.

Wir hatten geklärt, dass das Unbewusste auf das Ziel programmiert werden soll. Stellen Sie sich Ihr Unbewusstes vor wie ein neunjähriges Kind.

Einem Kind diesen Alters erklärt man Zusammenhänge und Informationen möglichst einfach. Genauso ist es bei der Zielformulierung. Ist es tatsächlich ein komplexeres Ziel, so brechen Sie es in kleinere Stücke runter oder formulieren Sie es in zwei oder drei kleinere Ziele und stecken Sie die Prioritäten für sich ab, welches Teilziel wichtiger ist und welches erst einmal warten kann.

Wissen Sie was passiert, wenn man Menschen nach Ihren Zielen fragt? Meist folgt ein Schulterzucken oder ein *„Weiß ich nicht."*. Je einfacher, klarer und deutlicher das Ziel formuliert wird, desto geringer ist die Wahrscheinlichkeit es zu „vergessen" o.ä.

Ist ein Ziel nicht einfach und kurz zu formulieren, so ist zu überdenken, ob es tatsächlich ein geeignetes Ziel ist. Ein sehr erfolgreicher Internetmarketer, Ryan Deiss, sagte einmal: *Wenn ein Businesskonzept nicht auf einer Serviette darstellbar ist, taugt es nichts.*

Einfachheit wird meist unterschätzt. Obwohl viele Menschen sagen, dass sie es so einfach wie möglich möchten, vertrauen sie einfachen Dingen nicht so leicht, wie wenn es komplex und umfangreich klingt. Und beginnen es dann kompliziert zu machen.

R - Realistisch

Klar, Ziele müssen (oder sollten?) realistisch sein sagen die einen. Die anderen sagen, dass Ziele gar nicht hoch genug gesteckt sein können. Wer hat recht?

Bedenken Sie folgenden Grundsatz, über den wir zuvor gesprochen haben: Sie bekommen nicht, was Sie wollen, sondern viel eher, was Sie erwarten. Setzen Sie sich Ziele, von denen Sie voller Überzeugung erwarten können, sie auch zu erreichen. Und realistisch heißt realistisch für SIE. Sind Sie überzeugt und entschlossen, so wäre es in diesem Fall auch realistisch.

Hier ist eine andere Möglichkeit „realistisch" zu betrachten: Wenn Sie noch nie erreicht haben, was Sie wollten, dann schrauben Sie Ihre Ziele ein wenig runter. Wenn Sie allerdings stets erreichen, was Sie sich vornehmen, sollten Sie Ihre Ziele größer gestalten.

Erfolg entsteht durch Erfolg. Es ist also wichtig, dass Sie Ziele formulieren, von denen Sie bereits im Vorfeld glauben, sie auch zu erreichen bzw. erreichen zu können. Reden Sie sich nur ein, dass Sie daran glauben und Ihre innere Stimme lacht Sie aus, dann sind Sie nicht wirklich überzeugt. Das können natürlich nur Sie selbst beurteilen und sagen.

Dabei spielt das Gefühl eine wichtige Rolle. Wenn Sie sich ein Ziel setzen, ist dies mit einem Gefühl verbunden, welches Sie haben, wenn Sie es aussprechen. Wie fühlt sich dieses Ziel an? Versprüht es Optimismus, Freude und Entschlossenheit? Oder eher Zögern, Zweifel und Bedenken?

Das ist einer der ersten Indikatoren, ob Sie innerlich davon überzeugt sind, ob ein Ziel realistisch ist oder nicht.

Der wichtigste Punkt ist, dass Sie wirklich voll und ganz hinter Ihrem Ziel stehen und dass Sie keinerlei negative Gefühle haben bei dem Gedanken an oder der Formulierung Ihres Ziels. Diesen Aspekt können Sie nur selbst bewerten. Es ist also ein weiterer Punkt, an dem Sie wirklich ehrlich zu sich selbst sein müssen.

Für den Fall, dass Sie ein eher negatives Gefühl haben, machen Sie das Ziel ein wenig kleiner, so lange bis es sich für Sie gut anfühlt.

Sobald Sie erste Erfolge erzielen, können Sie Ihre Ziele ganz von selbst ambitionierter, größer und schöner setzen und sich und Ihre Fähigkeiten parallel dazu weiter entwickeln.

E – Endszenario / Endschritt

Dieser Teil ist in meinen Augen der wichtigste Teil im gesamten K.R.E.A.T.I.O.N. Prozess. Genauso wichtig wie er ist, wird er meistens gar nicht berücksichtigt oder nicht genügend. In Seminaren und Coachings baue ich den gesamten Zielformulierungs und –findungsprozess um diesen Schritt herum auf.

Es ist der entscheidende Unterschied, der die Verbindung zu emotionalen Verbundenheit mit dem Ziel herstellt. Im Vergleich zu Affirmationen und z.T. auch Visualisierungen ist dieser Teil noch wichtiger und effektiver.

Worum geht es also? Das Endszenario bzw. der Endschritt ist das finale Bild, welches Sie im Kopf haben, wenn Sie Ihr Ziel schließlich erreicht haben. Es ist das Bild, von dem Sie wissen, wenn Sie es sehen: *Jetzt habe ich das Ziel erreicht!*

Es dient also auch als eine Art Beweis. Der Grund für die Wichtigkeit dieses Punktes ist zweierlei. Erstens „sehen" Sie das Ziel so real wie möglich vor Ihrem inneren Auge und können so in Ihrer Vorstellung schon einmal „erleben", wie es sich anfühlt, dieses Ziel erreicht zu haben. Allein das ist schon viel wert.

Dabei bringen Sie idealerweise so viele positive Emotionen mit ein, wie es nur geht. Vor Ihrem inneren Auge: Was sehen Sie, wenn das Ziel erreicht ist? Was hören Sie? Und was fühlen Sie emotional (und auch als Gefühl in Ihrem Körper)? Sollten Sie schon einmal mit Visualisierungstechniken in Berührung gekommen sein, dann kennen Sie das.

Je intensiver, realer und lebhafter Sie sich dieses Szenario vorstellen, desto mehr steigen die Bilder und Emotionen in Ihrem Inneren. Sie simulieren also jene Situation, die Sie durch das reale Erreichen des Ziels erzielen wollen und möchten es folglich umso mehr „wirklich" erleben. Sie bauen quasi eine emotionale Bindung und Spannung mit dem inneren Bild auf.

Hört man Stars wie Boris Becker, Jim Carrey oder auch Arnold Schwarzenegger in Interviews, so erzählen sie, dass sie sich schon jahrelang vorher gedanklich vorgestellt haben, wie es ist Wimbledon zu gewinnen, einen Film in Hollywood zu drehen oder Mr. Olympia im Bodybuilding zu werden. Walt Disney sah seinen Lebenstraum schon vorher, auch Einstein nutzte diese Technik (siehe: Wie Einstein die Relativitätstheorie entwickelte).

Der zweite Grund, warum dieser Schritt so wichtig ist: Je intensiver man sich gedanklich mit etwas auseinandersetzt, desto klarer weiß man, welche Handlungen einen auf dem Weg dorthin unterstützen und welche eher hinderlich sind. Das Bild wird immer detaillierter und genauer, jedes Mal. Irgendwann wissen Sie in jeder Situation einfach, was Sie tun müssen.

Bei einer einfachen Zielformulierung eines Ziels, welches vielleicht drei Monate in der Zukunft liegt (ohne diesen Schritt), wird das Bild, welches man hatte, ein wenig verschwommener und undeutlicher.

Intensivieren Sie es jedoch so stark Sie können, desto präsenter ist es nicht nur in Ihrem Unbewussten verankert, sondern auch in Ihrem Bewusstsein. In Situationen, in denen Sie unter normalen Umständen womöglich ins Zweifeln geraten, können Sie dann klar entscheiden, welcher Weg jetzt der richtige ist.

Ein einfacher Beleg wie wichtig dieser Schritt ist, zeigt sich in Gruppenübungen. Wenn ich eine Gruppe frage: *Angenommen wir fliegen alle in die Karibik, wann wüssten Sie, dass das Ziel erreicht ist?*

Hier sind mögliche Antworten:
Wenn ich den Boden in der Karibik betrete.
Wenn ich mein Flugticket in Händen halte.
Sobald ich im Hotel eingecheckt habe.
Wenn ich im Flugzeug sitze.
Wenn das Flugzeug in der Luft ist.

Es gibt zahlreiche Antworte, es ist für jeden anders und man kann nicht davon ausgehen, dass es für jeden gleich ist. Ist es nie.

Manchmal erfordert dieser Schritt ein wenig Übung. Je häufiger Sie diesen Schritt durchführen, desto mehr Details können Sie hinzufügen und desto klarer wird das Bild, welches Sie haben.

Ganz wichtig für diesen Schritt sind also:

Ein klares Bild haben.
Eigenschaften hinzufügen wie Geräusche, Gerüche usw. Versuchen Sie die Emotionen wahrzunehmen, die Sie spüren, wenn Sie das Ziel erreicht haben. Diese Emotionen werden Sie antreiben.

Führen Sie diesen Schritt durch, so wird es Ihnen nicht mehr passieren, dass Sie auf die Frage, was denn Ihr Ziel ist, nicht mehr ausreichend antworten können.

Bis zu diesem Zeitpunkt haben Sie ein klares Bild mit einer emotionalen Bindung, Sie wissen, dass Sie es erreichen können (realistisch) und Sie sind in der Lage, es klar und deutlich zu formulieren.

A – Als wäre es Jetzt (Gegenwart)

Die meisten Menschen formulieren ein Ziel in der Zukunftsform, etwa *„Ich werde…“*. Doch für effektive Zielformulierung ist es effektiver, ein Ziel immer in der Gegenwartsform zu formulieren, so als wäre es jetzt.

Wird die Situation als gegenwärtig betrachtet (und formuliert), so ist es für das Unbewusste näher an der Realität und greifbarer als die Zukunft. Ihr Unbewusstes kann nicht zwischen einer sehr lebhaften Vorstellung und der Wirklichkeit unterscheiden. Träume sind ein gutes Beispiel dafür, wo wir unbewusst Bilder sehen und z.T. sogar auf diese imaginären Bilder sehr starke reale Reaktionen haben wie Aufregung, schwitzen oder auch Angst.

Dadurch ist die Vorstellung vom Erreichen eines Ziels in der Gegenwart natürlich wesentlich fesselnder als in einem weiter weg liegenden Zukunftsszenario.

Erfahrungsgemäß verspricht man sich, gerade am Anfang, immer wieder mal. Gewöhnen Sie sich daran, Ziele in der Gegenwartsform zu formulieren, auch wenn sie in der Zukunft liegen.

Das klingt vielleicht paradox, ist aber möglich. Mal angenommen Sie streben an in ca. einem Jahr eine Beförderung zu erhalten. Die meisten Menschen würden es so formulieren:

„In einem Jahr werde ich befördert.“

Doch während sich diese Formulierung im Kopf festsetzt, gewöhnen Sie sich daran, dass Ihr Ziel ca. ein Jahr weit weg ist. Und es kann passieren, dass Sie nach sechs Monaten noch immer am Gedanken festhalten, dass Sie in einem Jahr befördert werden. Und so verschiebt sich das Ziel immer parallel zum aktuellen Tag um jeweils ein Jahr weiter nach vorne.

Sagen Sie also lieber etwas wie:

„Es ist jetzt der (zukünftiges Datum, in dem Fall ein Jahr vom heutigen Tag) und ich bin gerade befördert worden.“

So ist es gegenwärtig und Sie wissen stets, wann der Zeitpunkt des Ziels kommen wird und tricksen Ihr Unbewusstes nicht versehentlich aus. Formulieren Sie Ihr Ziel also im Präsens, als würden Sie den letzten notwendigen Schritt bereits erleben.

T - Terminiert

Obwohl Sie Ihr Ziel also in der Gegenwartsform formulieren, geben Sie ihm ein zukünftiges Datum – das, an dem Sie das Ziel erreicht haben möchten.

Eine möglichst genaue Terminierung ist wichtig, da das Ziel sonst nur ein vager Punkt irgendwo in der Zukunft ist. Je nach Ziel bestimmen Sie natürlich ob Sie es genau auf die Uhrzeit machen wollen, nach Tag, Woche oder Monat. Grundsätzlich gilt, dass es zumindest "tag-genau" sein sollte.

Das Beispiel, um das es gerade beim vorherigen Punkt ging, ist hier ebenfalls relevant. Vermeiden Sie Formulierungen wie *In einem Monat…* oder *nächste Woche* usw. Sagen Sie stattdessen *Mai / September / Dezember* bzw. *KW 18 / 27 / 51* usw. Denn eine Formulierung wie *nächste Woche* verliert nie an Gültigkeit und kann jede Woche aufs Neue wiederholt werden. Eine bestimmte Kalenderwoche gibt es jedoch nur einmal und es gibt keine Missverständnisse.

Dieser Punkt gehört ebenfalls zu den wichtigsten in dieser Anwendung. Der Grund ist einfach. Ein Ziel zu formulieren ist einfach und auch schnell gemacht. Nur meinen es die meisten Menschen damit selten ernst. Je besser die Planung, desto höher sind die Chancen auf das Erreichen eines Ziels.

Und beim Festlegen eines genauen Zeitpunkts scheiden die meisten Personen bereits aus und argumentieren, dass sie sich nicht so genau festlegen wollen etc. Eine sehr direkte Frage für diese Personen: *Wenn Sie sich ein Ziel setzen, haben Sie dann die Absicht, es auch zu erreichen?*

Und wenn nicht, warum setzen Sie es sich überhaupt? Die Bedeutung eines wirklichen Ziels ist vielen nicht bewusst, die Identifikation damit ist sehr wichtig, denn nur wenn diese Punkte gegeben sind, folgen die so wichtigen Handlungen, die das Ziel überhaupt erst real werden lassen. Diese Verbundenheit kreiert eine sehr positive innere Spannung bzgl. der Zielerreichung und lässt Sie in den schwierigen Momenten durchhalten. Wie wichtig durchhalten ist hatten wir ja bereits…

Legen Sie einen Zeitpunkt fest, gibt es kein Alibi. Nicht wenige empfinden das als Druck. Aber es geht hier nicht um Druck, es geht um die Realisierung eines Ziels. Je fester etwas gemacht macht, desto klarer und entschlossener kann man handeln. Denn: Irgendwann kommt nie...

I – Im Positiven formuliert

Ein Ziel wird niemals negativ formuliert! Sagen Sie bei einem Ziel stets, was Sie möchten und nicht, was Sie nicht möchten. Eine Reihe bekannter und fast schon berüchtigter Zielformulierungen sind gnadenlos uneffektiv:

Ich möchte aufhören zu rauchen.
Ich werde nicht mehr dick sein.
Ich lasse mich nicht mehr anschreien.
Ab morgen lasse ich mich nie wieder runterziehen.

Gerade um die Zeit von Silvester / Neujahr hört man Ziele und Vorsätze wie diese häufig. Und auch wenn das tatsächlich das Ziel sein sollte, so ist es nicht besonders clever. Und hier ist der Grund:

Ihr Gehirn kann Negativformulierungen nicht verarbeiten. Erinnern Sie sich noch einmal an den blauen Elefanten. Zuerst müssen Sie ihn sich vorstellen. Erst DANN können Sie es wieder streichen. Allerdings ist das Bild dann bereits in Ihrem Kopf.

Die Worte, die wir verwenden und hören, kreieren die Bilder in unserem Kopf. Wenn Sie also formulieren, dass Sie nicht mehr *rauchen* oder *dick sein* wollen, so sind diese Bilder zunächst einmal präsent, und zwar unterbewusst.

Formulieren Sie also niemals, was Sie nicht wollen und immer nur das, was Sie wirklich möchten. An dieser Stelle sagen manche Leute zu mir *Aber Heiko, ich habe darüber nachgedacht und alles, was ich möchte, ist wirklich nicht mehr rauchen. Ich weiß nicht, was ich stattdessen will, ich möchte aber NICHT mehr rauchen.* Das passiert nicht selten.

Das Problem: Es gibt kein Nicht-Verhalten. Wenn Sie etwas nicht tun, was machen Sie stattdessen? Wenn jemand nicht raucht, was macht er/sie dann?

Sie können sich z.B. fragen, was für Sie das Gegenteil ist von dem, was Sie nicht möchten und dann verwenden Sie das für Ihre Zielformulierung.

Alternativ zum eben genannten Beispiel könnten Sie also sagen, dass Sie *klare Luft atmen möchten und gesund leben wollen.* Es muss dabei nicht das natürliche Gegenteil sein. Wichtig ist, dass es für SIE Sinn ergibt, denn es ist ja auch Ihr Ziel.

Eine lustige und auch tragische Anekdote dazu:
Ich habe es in einem Hotel buchstäblich einmal miterlebt, wie eine Gruppe von „Werdenden Nichtrauchern" (so nannten sie sich) gemeinsam in einem Kreis stand und folgende Sätze gemeinsam sprach:

- *Ich werde nie wieder rauchen.*
- *Rauchen ist nichts für mich und ich brauche es nicht.*
- *Ich sage mich vom Rauchen los.*

Wow, was für eine tolle Strategie! Das Gehirn hat gerade dreimal in Folge *„Rauchen"* gehört. Wie soll es jemals davon loskommen, wenn es immer wieder suggeriert wird?! Sprechen Sie diese drei Sätze einmal laut vor sich her und Sie werden sehen, dass so etwas absolut nichts bringt.

O – Ökologisch

Egal welches Ziel Sie sich setzen, bedenken Sie die Ökologie und damit sind in diesem Zusammenhang mögliche Konsequenzen gemeint. Bei einem Ziel, welches Sie haben, sollten niemals andere Menschen oder Sie selbst zu Schaden kommen. Bedenken Sie mögliche Folgen Ihres Ziels.

Eine einfache Frage genügt hier:

Ist mein gesetztes Ziel sicher für

mich?
andere?
den Planeten?

Können Sie alle drei Punkte mit JA beantworten, so ist es wahrscheinlich ein gutes Ziel. Es ist außerdem eine gute Grundlage für eine mögliche Win-Win-Situation, von der alle Beteiligten profitieren.

N – Nur für sich selbst, nicht andere

Beachten Sie schlussendlich noch, dass Ihr Ziel auch wirklich IHR Ziel ist. Oft kommt es vor, dass Menschen sich Ziele setzen, die in Wirklichkeit auf andere Personen und deren Bedürfnisse ausgerichtet sind.

Es mag vielleicht ehrenwert erscheinen, bringt Sie jedoch der Erfüllung IHRER Träume, Visionen und Ziele nicht näher.

Sie kennen bestimmt das klassische Beispiel, wo sich ein junger Mensch innerhalb einer Familie das Ziel setzt, einen bestimmten Beruf zu ergreifen weil es die Familientradition ist. Und während es vielleicht nur Mediziner in der Familie gab, möchte der junge Mensch lieber Jura studieren oder Journalismus.

Aus Verpflichtung der Familie gegenüber setzt sich dieser Mensch als das „selbsterklärte" Ziel, Arzt werden zu wollen, wird aber dabei nicht glücklich. Natürlich ist dies nur ein Beispiel zur Veranschaulichung dieses Prinzips. Hinterfragen Sie, warum Sie sich dieses Ziel gesetzt haben und was es IHNEN bringt, wenn Sie es erreicht haben.

Die Formel für die praktische Anwendung von K.R.E.A.T.I.O.N.

Es gibt eine Art Formel, die Sie anwenden können, in welcher sich automatisch die meisten der K.R.E.A.T.I.O.N. Kriterien wiederfinden.

Ich habe Menschen diese Kriterien und die folgende Formel immer wieder gezeigt und verwende sie natürlich auch für meine eigenen Ziele.

Es ist heute (zukünftiges Datum der Zielerreichung eintragen),
ich habe / ich bin (Endszenario / Beweis eintragen)

Ein Beispiel für die Anwendung dieser Formel wäre für ein Ziel, welches Sie sich Ende 2016 stellen:

„Es ist heute der 04. November 2016, 16:00. Ich stehe im Büro meiner Chefin und schüttle lächelnd ihre Hand. Sie hat der Erhöhung meines Einkommens um 10% zugestimmt."

Sämtliche Kriterien sind dabei erfüllt:

K – Klar und deutlich:
Die genaue Erhöhung des Einkommens (10%) ist genannt Dazu ist der Ort (Büro der Chefin) und die Handlung (Händedruck) definiert.

R – Realistisch:
Eine 10%ige Erhöhung des Einkommens im Zeitraum von 1,5 Jahren ist bei entsprechender Leistung durchaus realistisch.

E – Endszenario / Endschritt:
Die Situation ist genau beschrieben, der Absender kennt das Bild.

A – Als wäre es jetzt:
Das Ziel ist im Präsens formuliert und liegt in der Zukunft.

T – Terminiert:
Das entsprechende Datum mitsamt Zeit ist genannt
(04.11.2016, 16:00)

I – Im Positiven formuliert:
Es ist kein Wort negativ formuliert.

O – Ökologisch:
Eine 10%ige Erhöhung des Einkommens ist sicher für den Arbeitnehmer, den Arbeitgeber und den Planeten.

N – Nur für sich selbst:
Durch die Formulierungen „ich" und „meines Einkommens" ist u.a. klar definiert, für wen das Ziel formuliert wurde.

In diesem Beispiel könnte man noch darauf achten, dass man das Wort *Einkommen* anstelle von *Gehalt* verwendet. So lassen Sie mehr Möglichkeiten für den Erhalt des Geldes offen. Verwenden Sie *Gehalt,* so ist noch klarer umschrieben, wie sie die 10% erhalten. Boni, Zuschüsse oder Provisionen wären damit ausgeschlossen.

Verwenden Sie diese Formel so oft Sie können. Ganz egal, ob es große oder kleine Ziele sind. Je häufiger Sie diese Formel verwenden, desto klarer und spezifischer werden Sie, was Ihre Ziele angeht. Sie bekommen gleichzeitig ein gutes Gespür, was die Zielformulierungen anderer Menschen angeht.

„Ein Ziel ohne einen Plan ist ein Wunsch." **Antoine de Saint-Exupéry**

Ziele strategisch visualisieren und emotionalisieren

„Imagination ist wichtiger als Wissen." **Albert Einstein**

Sie kennen die K.R.E.A.T.I.O.N. Formel. Es geht u.a. darum, das Ziel bewusst zu formulieren, um das Unbewusste darauf einzustellen. Stellen Sie sich vor, dass Ihr Unbewusstes so all seine Ressourcen um dieses Bild/Ziel herum formiert, um es schnell zu erreichen.

Zahlreiche Stars erzählen in Interviews immer wieder, wie sie von frühester Kindheit an ein konkretes Bild im Kopf hatten. Ein Bild von sich selbst, wie sie gern sein wollten. In einer Fernsehreihe ging es einmal konkret um junge Sängerinnen wie z.B. Britney Spears oder Christina Aguilera. Das Interessante dabei war, dass jede einzelne Person dieses Bild hatte.

Anhand der Formel haben Sie erfahren, dass es wichtig ist, ein Ziel speziell und gleichzeitig kurz und bündig zu formulieren. Speziell sein und detailliert und vor allem keine allgemeinen Phrasen.

Es macht dann am meisten Spaß, wenn Sie es mit als einen Prozess betrachten, den es ständig weiterzuentwickeln gilt. Denn, so merkwürdig es klingt, Misserfolge bedürfen ebenfalls sorgfältiger Planung…

Angenommen Sie möchten es als Schauspieler weit bringen und stehen ganz am Anfang. Viele junge Anwärter haben außer hohen Ambitionen nicht viel. Ich habe mal einen Bekannten, der Schauspieler werden wollte, gefragt, ob er mir seine Bilder mal zeigen könne.

Er hatte keine. Als ich ihn nach seinem Agenten fragte, kam dieselbe Antwort. Und in den nächsten Wochen hatte er einen (!) Termin für ein Vorsprechen. Merken Sie wie viel Planung diese Situation erfordert, und vor allem wie viele Möglichkeiten es gäbe, sie drastisch zu verändern?

Natürlich war das ein extremer Fall, als Beispiel lässt es sich jedoch gut verwenden.

Das Ziel in Ihrer persönlichen Zeitlinie platzieren

Lassen Sie uns praktisch werden. Es gibt ein paar Schritte, die ich Ihnen erklären möchte, bevor ich Ihnen den Prozess dann aktiv erläutere.

Sie werden in ein paar Minuten das finale Puzzlestück, also Ihr Bild bzw. Ihr gewünschtes Endszenario, aktiv vor Ihrem inneren Auge gestalten oder es hervorrufen.

Dabei sehen Sie es assoziiert, das bedeutet durch Ihre eigenen Augen, so dass Sie Teil des Szenarios sind. Anschließend werden wir die Einzelheiten des Bildes verfeinern, um es noch realistischer zu machen. Das könnte beispielsweise bedeuten, dass das Bild bunter wird, größer oder auch, dass Sie die Perspektive verändern wollen. Ganz so wie SIE es am besten finden und es am realsten (ist das ein Wort??) wirkt.

Sobald Sie das das Bild für sich selbst optimiert haben, „steigen" Sie aus dem Bild aus. Das heißt, dass Ihr Körper im Bild bleibt und Sie sich fortan von außen betrachten, so wie auf einem Foto. Sie sehen sich selbst also in der Szenerie.

Dieser Schritt macht diesen Vorgang in der Praxis effektiver als andere und optimiert andere Anwendungen wie z.B. klassisches Visualisieren oder auch Affirmationen.

Denn: An dieser Stelle liegt die Gefahr einer Illusion – und diese gilt es zu umgehen. Bleibt man im assoziierten Modus, so könnte das Unbewusste der Illusion erliegen, dass das Ziel bereits erreicht ist und die Motivation lässt rapide nach. Wie Sie ja bereits wissen, kann unser Gehirn nicht zwischen lebhafter Fantasie und der Realität unterscheiden. Durch die Dissoziation lassen Sie die Emotionen im Endszenario und sehen es „objektiv" von außen, als Beobachter des eigenen Ziels.

Warum die meisten Menschen es nicht schaffen

Die meisten Menschen erreichen ihre Ziele nicht, da sie eine übertriebene Erwartung von dem haben, wo sie bereits sind und deshalb nicht mehr die Bereitschaft zeigen, die kleinen, aber sehr notwendigen Schritte zu unternehmen, die letztlich nötig sind. Überhaupt sind es so oft die kleinen unscheinbaren und „nicht so wichtigen" Schritte, die den ganz großen Unterschied machen. Das kennen Sie aus Ihren eigenen Erfahrungen im Leben.

Sie können sich den Effekt der Dissoziation wie ein Gummiband vorstellen. Durch das aktive Hinaussteigen aus dem vorher kreierten Bild bauen Sie Spannung auf wie beim Ziehen eines Gummibandes. Diese Spannung ist Ihre Motivation.

Nachdem Sie sich also aus dem Bild aktiv heraus begeben haben, stellen Sie sich vor, nach oben zu steigen. Einstein sagte, dass Vorstellungskraft wichtiger ist als das Wissen. Genau um diesen Einsatz des Vorstellungsvermögens geht es hier. Ähnlich wie Einstein stellen Sie sich vor, so hoch zu steigen, dass Sie über Ihrer persönlichen Zeitlinie sind, die Sie ja bereits kennen gelernt haben.

Es ist ein rein imaginärer Vorgang. An dieser Stelle höre ich häufig, dass es *„jetzt aber ins Esoterische geht."* oder *„jetzt aber merkwürdig wird."*.

Nun, unsere Vorstellungskraft läuft permanent, den ganzen Tag. Sich selbst Enttäuschungen auszumahlen und wie die Dinge nicht so laufen wie man möchte, ist vom Prinzip her genau dasselbe. Nur eben absolut unproduktiv! Bedenkt man, dass es so einfach ist mit der Vorstellungskraft zu arbeiten, muss ich immer grinsen, wenn ich solche Kommentare höre. Da sitzen Menschen, die unzufrieden sind und „alles" bereit sind zu tun. Und bei einer so simplen Sache wie einer Vorstellung steigen sie aus. Muss ja ein echt wichtiges Ziel sein... (denke ich dann so bei mir).

Übrigens kommt diese Übung gerade auch in der Geschäftswelt hervorragend an. Viele Chefs, Unternehmer und erfolgreiche Führungskräfte, Verkäufer oder Servicekräfte wissen um die Kraft der Vorstellung und haben immer wieder Lust, neue Techniken kennen zu lernen. Nur zugeben tun sie es selten... :-)

In Ihrer Vorstellung liegt nun also weit unter und vor Ihnen Ihre persönliche Zeitlinie... bedenken Sie, dass sich all das in Ihrer Vorstellung abspielt und Sie dafür sorgen, dass es so realistisch und lebhaft wie möglich ist. Stellen Sie sich also unter sich Ihre persönliche Zeitlinie vor, wie auch immer diese aussehen mag, es passt.

Der eigentliche Vorgang sieht an dieser Stelle vor, dass Sie dreimal tief einatmen und dann beim Ausatmen visualisieren, dem Bild Ihre Lebensenergie zu geben. Das klingt für viele Menschen zu esoterisch oder albern. Die Atmung simuliert in diesem Fall „Leben" und Sie können sich vorstellen, dass Sie dem Bild den entscheidenden Schub Lebensenergie einhauchen.
Aus diesem Grund habe ich mich entschieden, auch in Business-Coachings und Seminaren, diesen Schritt nicht raus zu nehmen. Für die Anwendung selbst ist es ein Bestandteil, der das Ganze einen weiteren Tick besser macht. Und wenn Sie doch

Schwierigkeiten damit haben, könnten Sie sich fragen, ob es vielleicht eine limitierende Entscheidung ist…

Im Ernst, natürlich können Sie diesen Teil auch weglassen, sofern Sie sich damit unwohl fühlen. Allerdings gilt auch hier, dass es am Anfang immer ungewohnt ist und letztlich ganz normal wird, je häufiger Sie es anwenden.

Anschließend schweben Sie über genau das Datum, welches Sie in Ihre Formel eingesetzt haben und lassen das Bild genau dort in Ihre Zeitlinie fallen. Danach schauen Sie von dieser zukünftigen Position auf das heutige Datum und sehen wie sich die Dinge in Ihrer Zeitlinie verändern, damit es unausweichlich zur Realisierung des Ziels kommt.

Lernen Sie dabei, Ihrem Unbewussten zu vertrauen und spielen Sie mit Ihrer Vorstellungskraft. Es soll Spaß machen!

Als nächstes schauen Sie vom zukünftigen Datum weiter in die Zukunft. Egal was Sie tun im Hier und Jetzt, natürlich hat es unweigerlich Auswirkungen auf Ihre Zukunft. Schauen Sie nun also mit dem erreichten Ziel im Rücken auf den weiteren Verlauf Ihrer Zukunft und stellen Sie sich vor, welche weiteren positiven Wirkungen das Erreichen des Ziels mit sich bringt. In welche Bereiche Ihres Lebens hat es welche Auswirkungen? Wie verändert sich alles zum Positiven?

Natürlich funktioniert dieser Vorgang mit anderen Zielen und Vorhaben genauso.

Verwenden Sie es oft. Ich selbst wende es oft an und stelle immer wieder mit Erstaunen fest, wie viel mehr ich noch hinzuaddieren kann, um den Vorgang noch wirkungsvoller und effektiver zu machen.

Häufig werde ich gefragt *Wie oft muss/soll/darf ich diesen Vorgang wiederholen, damit es auch wirklich klappt?*

Hierfür gibt es viele Antworten, mindestens genauso viele, wie es Anwender des Vorgangs gibt… Es liegt absolut bei Ihnen. Es gibt kein Rezept dafür.

„Ich habe schon oft gehört, dass Visualisieren eine gute Methode zur Unterstützung der Erreichung von Zielen ist." ging der Lehrling auf den Magier zu.

„Was genau hast du gehört?"

„Ich habe gehört, dass das Visualisieren vor dem inneren Auge eine innere, emotionale Spannung erzeugt zwischen mir und meinem Ziel. Diese Spannung ist wie ein magisches Band welches mir hilft, mich für mein Ziel immer wieder zu motivieren bis ich es erreicht habe."

Der Magier entgegnete:
„Das hast du bereits eine Menge interessanter und richtiger Dinge gehört. Es ist allerdings noch nicht alles..."

Der Lehrling stutzte:
"Es gibt noch mehr?"
"Oh ja." reagierte der große Magier.

"Seine Ziele vor dem inneren Auge zu sehen und mit Details zu schmücken, macht dich auf der bewussten und der unbewussten Ebene eins mit dem Ziel. Du tauchst hinein in die Emotion und kannst so bereits spüren, wie toll es sich anfühlt, das Ziel auch zu erreichen."

"Und es scheint eine magische Verbindung zwischen der universellen Energie und seiner Anziehungskraft zu geben. Probiere es nur aus."

"Aber..." der Lehrling war etwas verunsichert. Dieses Konzept schien ihm ein klein wenig abstrakt zu sein. Ihm fehlte noch etwas die Vorstellungskraft dafür.

"...was muss ich alles beachten. Kann ich da nicht alles Mögliche falsch machen?"

Der Magiermeister beruhigte seinen kleinen Schützling:
"Aber nein, probiere es aus und du wirst mit jedem Mal etwas neues Spannendes entdecken für dich. Nur Mut."

Noch ein paar Gedanken zu Zielen...

Bauen Sie eine positive Grundeinstellung auf

Nicht wenige, wirklich nicht wenige Menschen sagen an dieser Stelle immer wieder *„Jaja, eine positive Einstellung usw."* Die dazugehörigen Blicke verraten, dass sie es nicht wirklich ernst nehmen, schon sehr oft gehört haben oder es sich einfach nicht vorstellen können, dass es tatsächlich SO wichtig ist. Oder Sie sagen diese gefährlichen vier Worte... *Das kenne ich schon.*

Der Grund warum eine positive Einstellung so wichtig ist, ist einfach: Sie sind abhängig von Ihrer Einstellung. Bei allem was Sie tun, bestimmt die Einstellung zu einer Sache ganz massiv den Ausgang. Sie kennen den Unterschied zwischen dem Ergebnis einer Arbeit, die man ungern macht und einer Arbeit, die man mit Enthusiasmus, Leidenschaft und Motivation angeht.

Sie können aus all den bisherigen Prinzipien und Anwendungen nur das Optimum herausholen, wenn Ihre Einstellung dazu positiv ist. Und positiv kann natürlich viel heißen: Wie gerade genannt zählen Enthusiasmus, Leidenschaft und Motivation dazu, genauso Vorfreude, Optimismus und Freude aber auch Hoffnung, Glückseligkeit oder Ausgeglichenheit. Einfach gesagt jegliches positives Gefühl, welches Sie engagiert zu Werke gehen lässt.

Zwei Konten

Stellen Sie sich als vereinfachendes Bild Folgendes einmal vor: Bei Ihrer Geburt wurden Sie automatisch Inhaber zweier Konten. Das eine Konto beinhaltet Belohnungen und das andere Strafen.

Die Belohnungen enthalten all die Annehmlichkeiten, die Sie genießen, jedes Mal, wenn Sie Ihren Verstand richtig für sich selbst nutzen, um das zu bekommen, was Sie auch wirklich möchten. Einfach gesagt, jedes Mal, wenn Sie für sich selbst etwas Gutes tun, wenn Sie im Einklang mit sich sind und Sie nah an Ihrer wirklichen Essenz sind.

Das zweite Konto mit den Strafen wird jedes Mal gefüllt, sobald Sie mit Konsequenzen konfrontiert werden. Wenn Sie es versäumen, Ihren Verstand selbst zu kontrollieren und es verpassen, ihn auf ein lohnenswertes Ziel auszurichten.

Wieder einfach ausgedrückt, jedes Mal, wenn Sie sich selbst durch ein Versäumnis der eigenen Ressourcennutzung schaden, wird dieses Konto gefüllt. Dann wenn Sie negativ oder hart zu sich selbst sind, wenn Sie vergessen, wie wichtig Selbstliebe ist etc.

Auch wenn diese drei Absätze sehr kurz sind… sie sind sehr wichtig. Betrachten Sie Entscheidungen und mentale Vorgänge nach diesem Prinzip und achten Sie darauf, dass das Belohnungs-Konto stets in einem deutlichen Plus liegt, geht es Ihnen automatisch gut.

Der Grund warum dieser Abschnitt so wichtig ist: Die Nutzung des eigenen Verstands, des Bewusstseins und des Unbewussten ist so wichtig, weil Sie damit alles kontrollieren, was Ihre Werte, Emotionen, Handlungen und letztlich dadurch Ihre Ergebnisse ausmacht.

In der Natur werden zwei Dinge regelrecht verabscheut und haben zumeist negative Konsequenzen: Ein Vakuum und Stillstand. Benutzen Sie einen Muskel über einen gewissen Zeitraum nicht, so wird dieser sich zurückbilden und schließlich nutzlos sein. Dasselbe passiert natürlich auch mit den Möglichkeiten des „Gehirn-Muskels". Stellen Sie sich vor, dass Sie Ihre mentalen Möglichkeiten ungenutzt lassen und Sie sind einem negativen Einfluss ausgesetzt. Wenn Sie Ihre positive Einstellung nicht genutzt oder trainiert haben, sind Sie hier natürlich nicht in der Lage konstruktiv oder schützend zu reagieren. Sie sind dem negativen Einfluss ausgesetzt und mit der Zeit und häufiger Wiederholung setzen sich Negativeinflüsse in Ihrem Kopf fest.

Erfolg sät Erfolg

In diesem Zusammenhang ist das Sprichwort *Nichts zieht Erfolg mehr an als Erfolg* sehr angebracht. Einerseits klingt es einfach. Ergebnisse mit einer mentalen Sache zu kreieren… Sie haben inzwischen einiges über die Wirkungsweisen von Gehirn, Unbewusstem, Zielen und Resultaten erfahren, um einschätzen zu können; WIE wichtig diese Vorgänge sind. Und ja, es ist scheinbar einfach. Genau darin liegt auch die Gefahr.

Für die meisten Menschen erscheint es ZU einfach, alss das es funktionieren könnte. Dabei kennt und versteht jeder das Prinzip, dass wenn man etwas trainiert; man automatisch auch gut darin ist bzw. wird. Fragt man Menschen, ob Sie gern in der Lage wären Ihre Emotionen jederzeit zu kontrollieren und grundsätzlich positiv gestimmt zu sein, stimmen die meisten sicherlich zu. Warum aber nehmen sich so wenige die Zeit diesen Teil Ihres Systems zu trainieren? Das Erstaunliche ist, dass die Ergebnisse sich sofort bemerkbar machen. Merkwürdig, oder?

Und das Skurrile daran: Emotionen begleiten uns jeden Tag. Sind diese also zu einem (Groß?)Teil negativ, wäre es doch absolut sinnvoll diese Techniken zu lernen und anzuwenden.

Überlegen Sie mal für einen Moment, welche Vorteile eine positive Einstellung eigentlich hat, hier ist eine kleine Auswahl:

Geistiger Friede
Wenig Stress
Resistenz gegen Selbstsabotage
Ein Wissen und Vertrauen, welches Angst nahezu auslöscht
Möglichkeiten in scheinbaren Niederschlägen positiv zu sehen
Proaktiv zu sein
Nicht mehr aufgeben
Auf Rückschläge sofort und produktiv reagieren
Eine deutliche Steigerung der Lebensqualität
Berufliche Ambitionen dauerhaft umsetzen

Auf der anderen Seite können Sie nun überlegen, welche negativen Auswirkungen das Versäumen einer positiven Einstellung dauerhaft evident machen würden:

Selbstauferlegte Einschränkungen
Angst mit all seinen destruktiven Folgen
Wenige Freunde
Gefahr dem Einfluss anderer zu verfallen
Ständige Unzufriedenheit
Viel Stress
Selbstzweifel
Frust und Depression

Natürlich lassen sich beide Listen beliebig fortsetzen. Wichtig ist, dass am Anfang nur eine Sache steht: Eine Entscheidung, für welche Seite Sie sich in jedem Moment entscheiden.

Wollen Sie Kontrolle?

Die Angst über eine Situation oder eine Sache keine Kontrolle zu haben, behagt den meisten Menschen nicht. Wir alle haben ein gewisses Bedürfnis nach Sicherheit und der Kontrolle, die uns diese garantiert.

Erkennen Sie bitte an, dass Ihre mentale Einstellung das Einzige ist, worüber Sie - und NUR Sie - vollständige Kontrolle haben

In seinem Buch *„...trotzdem Ja zum Leben sagen: Ein Psychologe erlebt das Konzentrationslager"* beschreibt Viktor Frankl diese Aussage mit beeindruckendem Tiefgang. Er erläutert, dass ihm die KZ-Offiziere antun konnten, was sie wollten, solange sie seinen Verstand nicht besäßen, hätte er eine Chance.

Viktor Frankl kannte die Tatsache, dass in unseren mentalen Fähigkeiten unglaubliches Potential liegt. Er hat in einer nicht vorstellbaren Extremsituation an seinen Verstand geglaubt und überlebt. Ich sage nicht, dass es jedem von uns gelungen wäre (schon gar nicht behaupte ich, dass ich es an seiner Stelle genauso geschafft hätte).

Vergessen Sie nicht, dass jegliches Missgeschick, jede Trauer und scheinbare Niederlage immer einen genauso großen Anteil an Möglichkeiten bietet. Dies zu erkennen und zu nutzen ist eine Eigenschaft, die allein so viel ausmachen kann. In diesem Zusammenhang ist es wichtig zu verstehen, dass das was sie umhaut, nicht gleich eine Niederlage ist – Ihre Einstellung dazu tut es.

Schlechte Gewohnheiten brechen

Schlechte Angewohnheiten müssen durchbrochen werden. Und genauso wichtig ist es, sich dabei nicht unter Druck zu setzen. Nehmen Sie sich eine schlechte Angewohnheit nach der anderen vor.

Bedenken Sie auch dabei bitte unbedingt, dass niemand Sie verletzen, ärgern oder verängstigen kann, ohne Ihre volle Zustimmung. Das gilt einerseits für Einflüsse von außen und natürlich auch jene von innen. Besonders die von innen...

Damit sind Momente von Selbstmitleid gemeint. Sie sind die Person, auf die Sie sich am meisten verlassen können sollten und auch müssen.

Eine wichtige Erkenntnis dazu. Sie haben es sicherlich schon einmal erlebt, dass Ihnen etwas widerfahren ist, von dem Sie zum Zeitpunkt des Geschehens dachten, dass es eine der schlimmsten Dinge sei, die nur hätte passieren können.

Und mit der Zeit und genügend Abstand haben Sie vielleicht mal analysiert, welche Folgen diese Erfahrung letztlich hatte und was Sie für Veränderungen und Entscheidungen bei Ihnen verursacht hat. Dinge, die nicht passiert wären ohne dieses scheinbar schlimme Ereignis. Und Dinge, die sich im Nachhinein als eine der besten Umstände Ihres Lebens erwiesen haben.

Durch bestimmte gesundheitliche Rückschläge wird nicht wenigen Menschen erst klar, wie wenig sie eigentlich auf sich achten und genießen das Leben fortan mehr. Die Beendigung eines Arbeitsverhältnisses führt oft über Umwege zu den wirklichen Traumjobs und das Ende einer Beziehung zu dem Menschen, der eigentlich viel besser zu einem passt.

Ein bisschen Reflexion kann tolle Einsichten bewirken

Ohne diese zunächst negativen Ereignisse wäre es zur besseren Wendung gar nicht erst gekommen und was würden manche für diese Erkenntnisse rückwirkend nicht alles geben?

Analysieren Sie ruhig jeden Umstand in Ihrem Leben, der sich zum Besten gewendet hat und ergründen Sie, wie alles begann. Womöglich liegt in den traurigsten Momenten die Möglichkeit für die schönsten Erlebnisse und Erkenntnisse, die wir jemals haben.

Eines ist wichtig in diesem Zusammenhang. Vertrauen Sie darauf, dass es IMMER eine Lösung gibt, aber akzeptieren Sie die Tatsache, dass die Lösung vielleicht nicht immer die ist, die Ihnen auch gefällt.
In diesem Zusammenhang noch ein Wort zu den negativen Einflüssen, die Sie von einer positiven Einstellung abhalten können. Es ist grundsätzlich eine gute Idee, sich von negativen Gesprächen fern zu halten wie Tratsch, Klatsch oder das Lästern über andere. Sie konditionieren sich selbst dazu negativ und abwertend zu denken. Und auch wenn es manchmal wirklich verführerisch ist, letztlich vergiften Sie nur sich

selbst damit. Jemand sagte einmal, dass einen Groll zu hegen ist wie Gift zu nehmen und zu erwarten, dass die andere Person stirbt. Wie wahr…

Eine kleine Geschichte über den 3-Filter-Test

Der Philosoph hatte gerade einen weiteren harten Tag an der Universität hinter sich gebracht. Lauter Fragen und schwierige Diskussionen. Auf dem Weg zu seinem kleinen Lieblingsbistro für einen abendlichen Happen, wurde er von einem Studenten gegrüßt:

„Haben Sie diese Sache über Ihren Freund Paul gehört?"

„Einen Moment,", entgegnete der Philosoph. „bevor ich Ihnen weiter zuhöre, möchte ich gern ein paar Fragen stellen."

„Äh… wie?", wunderte sich der Student, der darauf brannte, seine Informationen endlich weitergeben zu können.

„Ja, richtig. Bevor Sie über meinen Freund Paul sprechen, wäre es vielleicht eine gute Idee innezuhalten und kurz darüber nachzudenken, was Sie eigentlich sagen wollen. Ich nenne es den 3-Filter-Test. Der erste Filter ist der Filter der Wahrheit. Haben Sie sich absolute Gewissheit verschafft, dass das was Sie mir erzählen wollen, die Wahrheit ist?"

„Nun… nein. Ich habe es im Grunde genommen gerade gehört und… naja, Sie wissen ja…"

„Alles klar", sagte der Philosoph. „Sie haben also keine Ahnung, ob die Information wahr ist oder nicht. Lassen Sie uns den Filter der Gutmütigkeit testen. Ist, was Sie mir erzählen möchten, etwas Gutes?"

„Nein, überhaupt nicht. Um ehrlich zu sein…"

„Aha." unterbrach ihn der Philosoph „Sie wünschen mir etwas Schlechtes über meinen Freund Paul zu erzählen und wissen nicht, ob es wahr ist. Nun gut, vielleicht bestehen Sie ja den dritten Test, einen Filter gibt es ja noch, den Filter der

Nützlichkeit. Ist Ihre Information über meinen Freund für mich in irgendeiner Art nützlich?"

„Ähm… Nein. Ehrlich gesagt nicht im Geringsten."

„Schön", sagte der Philosoph. „Wenn das, was Sie mir erzählen wollen weder wahr, gut oder nützlich ist, warum wollen Sie es mir überhaupt erzählen?"

Gestalten Sie aktiv Ihre positive Einstellung

Arbeiten Sie an Ihrer positiven Einstellung. Erkennen Sie die Unterschiede zwischen dem Wunsch nach einem Ziel, der Hoffnung, dass es eintritt, eine Sehnsucht danach zu haben und wirklich eine regelrecht brennende Leidenschaft dafür zu entwickeln.

Die meisten Menschen wünschen sich etwas, nur wenige entwickeln daraus jedoch einen solchen Willen mit entsprechendem Feuer, dass aus dem mentalen Vorgang strategische Handlungen entstehen, die letztlich auch zum Ziel führen. Von 100 Personen ist es vielleicht eine Person. Deswegen gibt es so wenige wirklich rundum erfolgreiche Menschen im Vergleich zu einer riesigen Mittelmäßigkeit.

Und bei allem Ehrgeiz: Vergessen Sie nicht, dass Niemand IMMER gewinnt… Analysieren Sie Rückschläge mit etwas Abstand sachlich und drehen Sie es in eine Möglichkeit um. Übernehmen Sie die Kontrolle über Ihren Verstand und arbeiten Sie aktiv an einer positiven Grundeinstellung als Basis für das Erreichen Ihrer Ziele durch K.R.E.A.T.I.O.N. und strategischer Visualisierung.

Der Durchbruch - Emotionale Limitierungen (durch)brechen

„Es kann keine Transformation vom Dunkel ins Licht und von Apathie zu Bewegung ohne Emotion geben." **Carl Gustav Jung**

Zu diesem Zeitpunkt im Spiel gibt es ein Konzept, welches wichtig ist. Die meisten Menschen, wohl auch Sie, wollen die Resultate, die sie im Leben erzielen, verbessern. Die großen Bereiche betreffen dabei die Gesundheit, finanzielle und berufliche Dinge oder die Beziehungen im Leben (dazu zählen private und persönliche).

JEDER möchte einen oder mehrere dieser Bereiche verbessern bzw. verändern.

Sollen diese Resultate verändert werden, so müssen die Verhaltensweisen, die diese Resultate kreieren, verändert werden.

Bis hierhin alles ganz logisch und auch nicht neu.

Wie verändert man ein Verhalten?

Das Verhalten betreffend ist jetzt natürlich die große Frage: Wie kreiert man eine verhaltensbedingte Veränderung?

Ok, zunächst einmal ist es wichtig zu verstehen, dass jedes Verhalten zustandsabhängig ist. Das bedeutet, dass jeder emotionale Zustand ein Verhalten verursacht. Jeder emotionale Zustand beeinflusst unser Verhalten.

Um also dauerhaft einen entsprechenden Durchbruch erzielen zu können bzw. eine Veränderung zu installieren, muss man lernen, diese emotionalen Zustände zu kontrollieren.

Hier eine Frage an Sie: Würden Sie von sich selbst behaupten, ein guter Kommunikator zu sein? Zugegeben, diese Frage ist ein wenig trickreich, denn selten hat hier jemand mit *Nein* geantwortet.

Eine andere Frage: Sind Sie jemals in einem wütenden Zustand gewesen und haben dabei all Ihre guten Kommunikationsfähigkeiten zum selben Grad beibehalten? Wahrscheinlich nicht...
Sie verstehen worum es geht, und dass es in einem Zustand von emotionaler Intensität sehr schwer, wenn nicht unmöglich, ist seine Fähigkeiten genauso beizubehalten, als wie wenn man entspannt ist.

Viele Menschen glauben, dass sie von ihren Emotionen gesteuert werden. Aussagen wie *Auf einmal ist diese Emotion einfach da* oder *Manchmal bin ich einfach so, das kommt von innen...* deuten ganz klar darauf hin, das jemand davon ausgeht, von den eigenen Emotionen gesteuert zu werden. Drastisch formuliert könnte man sagen, dass diese Person sich als Gefangener der eigenen Emotionen sieht.

Jedoch: Negative Emotionen entspringen dem eigenen Unbewussten.

Und hier liegt einer der Knackpunkte. Es ist nicht schlecht, dass es so ist, im Gegenteil: Es ist sogar gut.

Häufig wird mit negativen Emotionen völlig falsch umgegangen. Sie sind nicht dazu da, dass wir uns schlecht fühlen oder gar etwas davon ruinieren lassen.

Negative Emotionen sind ein Steuerungs- und Alarmsystem. Hinter jeder Emotion steckt eine Botschaft und ein tieferer Sinn. Nur hören die meisten nicht auf die Botschaft, sondern unterdrücken negative Emotionen. Und sollten Sie selbst einmal in einer solchen Situation gesteckt haben, dann wissen Sie, dass unterdrückte Emotionen die Gesamtsituation nie verbessern. Sie tauchen zu einem späteren, meist ungünstigen Zeitpunkt wieder auf und wirken noch stärker.

Emotionen können gar nicht gut oder schlecht sein. Sie werden alle von uns selbst „produziert". Keine Emotion taucht auf einmal einfach so auf. Voraus geht immer ein bestimmter Gedanke. Das ist die Abfolge. Sie denken einen Gedanken (DEN können Sie übrigens völlig frei bestimmen, immer!), dieser löst eine Emotion aus, welche wiederum Ihr Verhalten maßgeblich beeinflusst. Dann machen Sie sich wieder Gedanken...

Das Schlimme bei negativen Emotionen: Sie werden verankert und vervielfacht und die Reaktionen darauf werden in Folge immer heftiger und vor allem auch irrationaler. Im wahrsten Sinne des Wortes genügt ein kleiner Funke und das ganze Fass explodiert.

Was wir also lernen müssen, ist die emotionalen Zustände zu kontrollieren und negative Emotionen effektiv loszuwerden.

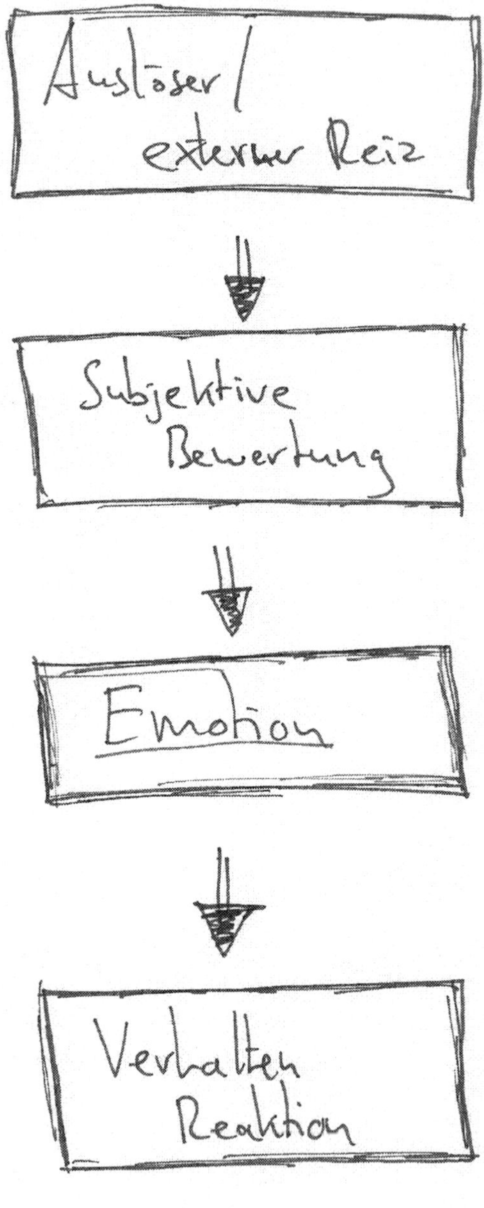
Auslöser /
externer Reiz
Subjektive
Bewertung
Emotion
Verhalten
Reaktion

Es geht letztlich um die Bedeutung, die wir einzelnen Situationen, Emotionen und Zuständen geben - wir selbst. Aufgrund der Bedeutung, die wir damit assoziieren, empfinden wir auf eine bestimmte Weise.

Resultate entspringen den Handlungen, die wir unternehmen, welche wiederum auf emotionalen Zuständen basieren. Diese kreieren wir selbst aufgrund der Bedeutung, die wir mit einer bestimmten Situation, Erinnerung oder Erfahrung assoziieren.

Es gibt keine allgemeine Bedeutung

Es mag für einige Menschen etwas radikal oder merkwürdig klingen… Aber es gibt keine allgemeine Bedeutung zu einer bestimmten Sache. Nehmen wir einmal die Ehe. Ist es eine gute oder eine schlechte Sache? Was ist mit Scheidung, gut oder schlecht? Sicherlich gibt es Menschen, die sowohl Argumente für ein *Ja* haben, genau wie andere sehr überzeugend für ein *Nein* argumentieren werden.

Wer bestimmt letztlich die Bedeutung? Bedeutet eine bestimmte Vergangenheit zwangsläufig ein bestimmtes Resultat im Berufsleben, dem man nicht ausweichen kann?

Wäre es so, dann hätten wir wenige Möglichkeiten auf eine Veränderung und wären ständig an glückliche Umstände etc. gebunden. Nicht die Ereignisse bestimmen unser Leben, sondern die Bedeutung, die wir diesen Ereignissen geben. SIE bestimmen die Bedeutung und ob etwas ein Ende oder Anfang, gut oder schlecht, ein Grund oder eine Möglichkeit ist.

Ein Beispiel für zwei völlig verschiedene Vorgehensweisen sind der ewige Optimist und der ständige Nörgler. Betrachten diese beiden eine bestimmte Situation, sehen sie unterschiedliche Dinge. Während ein Umzug für den einen eine tolle neue Veränderung bedeutet mit neuen spannenden Erfahrungen und Abenteuern, ist es für den anderen Stress und ein Herausreißen aus einer bequemen Situation, welches absolut nicht gewollt ist. Die Situation ist jedoch genau dieselbe.

Die meisten Menschen kompensieren negative Emotionen durch irgendwelche Ablenkungen und hoffen darauf, dass sie dadurch verschwinden. So funktioniert es nur leider nicht.

Weigert man sich dauerhaft mit den eigenen Emotionen richtig umzugehen, sie zu verarbeiten oder einfach loszulassen, dann „gehen" sie auch nicht weg. In irgendeiner Art und Weise kann es sogar passieren, dass sie selbst nach Jahren wieder an die Oberfläche kommen und uns abermals beschäftigen.

Fast jeder (vielleicht auch Sie selbst) kennt die Situation, dass ein Lied im Radio einen selbst nach Jahren noch an eine gescheiterte Beziehung erinnert. Wäre es verarbeitet worden oder einfach losgelassen, dann könnte man das Lied einfach nur hören und vielleicht sogar über die alten Zeiten lächeln.

Die Wahrheit ist, dass die meisten Menschen niemals gelernt haben mit ihren Emotionen richtig umzugehen. Es wird ein Leben lang immer wieder Tiefschläge geben. Mit Emotionen umgehen zu können, ist eine der wichtigsten Eigenschaften überhaupt. Stress, Depressionen, Frust, Ärger und Melancholie sind Ergebnisse nicht richtig verarbeiteter Emotionen. Unglücklicherweise lehrt uns weder die Schule, noch die Universität, wie man diesen Bereich des Lebens für sich selbst handhabt. Es bleibt uns selbst überlassen. Die muss nicht zwangsläufig schlecht sein. Es ist einfach, wie es ist.

Selbstwert und Selbstbewusstsein

Negative Emotionen hören jedoch nicht an dieser Stelle auf. Nach und nach beeinträchtigen sie andere wichtige Eigenschaften Ihrer Persönlichkeit. Zum Beispiel gehören unser Selbstwert und das Selbstbewusstsein dazu, zweifellos wichtige Faktoren bei der Realisierung von Zielen.

Der Autor Jack Canfield beschreibt in einem seiner Programme für starkes Selbstbewusstsein, dass in einer Studie in den USA einmal 1000 Lehrer und Eltern gefragt wurden, wer hauptsächlich für die Entwicklung von Selbstbewusstsein bei Kindern verantwortlich sei.

70% der Eltern verwiesen auf die Lehrer und 71% der Lehrer verwiesen auf die Eltern. Und so traurig oder ungerecht diese Ergebnisse sein mögen, es bestätigt vor allem eines:

Warten Sie nicht darauf, dass irgendjemand Ihr Selbstbewusstsein steigert (was ohnehin nicht möglich ist, Sie müssen es selbst tun) oder Ihnen dabei hilft. Sie müssen es tun, z.B. mit den Werkzeugen und Anwendungen über die wir hier sprechen.

Noch einmal zurück zum Konzept von subjektiver Beurteilung von Situationen und Erfahrungen.

Hier ist eine wichtige Darstellung, die gut zeigt, an welcher Stelle die meisten Menschen Fehler begehen und wie Sie es besser machen können. Zwischen den drei Faktoren Ereignis, Reaktion und Ergebnis bestehen unweigerlich Zusammenhänge (siehe Grafik).
Das Problem: Die meisten Menschen versuchen das Ergebnis zu verändern, jedoch ist die Reaktion auf ein Ereignis der entscheidende Punkt.

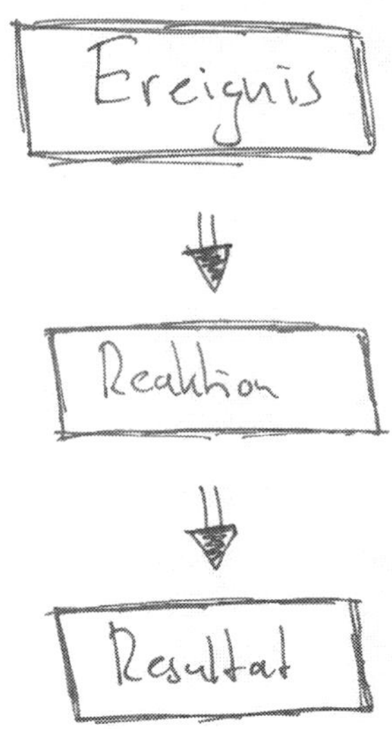

Reaktion = Kontrolle

In der Reaktion liegt der Schlüssel. Ihre Reaktion bestimmt, ob ein Ereignis gut oder schlecht ist, ob Sie einen Nutzen daraus ziehen können oder ob es verschwendete Zeit war.

In einem Seminar habe ich einmal folgendes Beispiel gehört:

Stellen Sie sich vor, Sie besuchen ein Seminar und gehen zu Ihrem Platz. Neben Ihnen hat bereits eine Frau (oder ein Mann) Platz genommen und sieht Sie an.

Mögliche Reaktion 1:
Hmmm, diese Frau schaut schon so komisch. Immer wieder treffe ich bei Seminaren diese merkwürdigen Personen. So macht es keinen Spaß. Ich bereue es bereits, überhaupt hier zu sein.

Mögliche Reaktion 2:
Sie begrüßen die Frau, geben einander die Hand und stellen sich vor. Die Dame lächelt, ist freundlich und zuvorkommend. Das Seminar kann beginnen und Sie freuen sich.
Ich habe ihn meinem Leben schon etliche Seminare besucht und habe beide Strategien gewählt. Und es stimmt: Die Einstellung mit der ICH in ein Seminar gehe macht (zumindest zu Beginn) einen großen Teil meiner persönlichen Einschätzung und meines Wohlbefindens aus, unabhängig von anderen Personen.

Genauso ist es in jeder anderen Situation auch. Es ist ein Muster, welches Sie zunächst erkennen und dann durchbrechen können. Genau wie bei negativen Emotionen, ist es auch hier verkehrt darauf zu warten, dass sich etwas von selbst tut oder erledigt.

Verändert man also die Bedeutung einer bestimmten Sache, so verschwinden auch die negativen Emotionen dazu. Warum aber halten wir an bestimmten Emotionen fest?

Es liegt an der Bedeutung, die wir der ganzen Sache geben. Die Bedeutung wird bestimmt durch die Entscheidung, dass „das" die Bedeutung ist, die wir einer Sache beimessen. Diese Entscheidungen, die wir manchmal bewusst, meist jedoch unterbewusst treffen, veranlassen uns dazu, Emotionen nicht loszulassen.

Vertrautheit = „Sicherheit"

Menschen mögen, was Ihnen vertraut ist. Das Interessante daran ist, dass dieses Vertraute nicht einmal etwas Positives sein muss. Auch negative Dinge werden gern beibehalten und gepflegt. Sie sind vertraut und das Loslassen einer vertrauten Sache bedeutet für sehr, sehr viele Menschen mehr Stress und Horror, als sich mit einer Emotion / Situation auseinanderzusetzen, die wirklich unangenehm sind (auf welcher Stufe auch immer).

Jemand hat mir mal gesagt, dass diese lästigen, vertrauten Gewohnheiten z.T. wie alte Freunde sind. Es sind alte Freunde, aber keine guten Freunde. Wenn sie nur alt, aber nicht (mehr) gut sind, warum wollen Sie sie in Ihrem Leben behalten? Gibt es dafür wirklich noch einen guten Grund?

Sollten Sie jetzt immer noch Gründe finden (und das können wirklich gute Gründe sein), so haben Sie am Festhalten der Emotion mehr, also davon sie loszulassen. Das mag hart klingen aber es ist genau so!

Eine sehr wichtige Frage zu Beginn von Coachings oder Interventionen ist daher, ob die Person *wirklich* eine entsprechende Veränderung durchführen möchte. Nicht wenige unterschätzen diesen Faktor der Vertrautheit und der Sicherheit. Jeder von uns hat gewisse Sicherheitsbedürfnisse. In der Bedürfnispyramide nach Maslow (um mal wirklich bei dann aller grundsätzlichsten Basics anzufangen) ist Sicherheit der erste Punkt. Tony Robbins beschreibt Sicherheit als die erste Stufe der emotionalen Grundbedürfnisse.

Selbst wenn Sie offen für Neues, abenteuerlustig oder sogar ein Adrenalinjunkie sind. Ein gewisses Bedürfnis nach Sicherheit ist immer da. Die Größe dieses Bedürfnisses variiert natürlich.

Wichtig ist an dieser Stelle nur, dass Sie wissen, dass es nicht notwendig ist aus Sicherheit und Vertrautheit an etwas festzuhalten, was negativ ist. In dem Fall ist die Frage angebracht: *Wenn es jetzt schon negativ ist, was kann es kosten, mal etwas anderes zu probieren und die negative Emotion loszulassen oder durch eine andere (positive) zu ersetzen?*

Ein gesundes Mittelmaß ist (wie überall) selten falsch.

Offen sein, aber nicht naiv.
Sicher sein, aber nicht eingeschränkt.

So kann man es stehen lassen.

JETZT SIND SIE DRAN:

Schlechte Entscheidungen korrigieren

Der Entscheidungs-Tilger

In diesem Teil lernen Sie den äußerst wertvollen Vorgang, wie Sie unbewusst getroffene Entscheidungen aus Ihrer Vergangenheit eliminieren, so dass sämtliche (negative) Verbindungen, die zu dieser Entscheidung zurückzuführen sind, automatisch mit gelöst werden. Sie lernen die positiven Erfahrungen zu speichern und die negativen loszulassen.

Wichtig ist zunächst einmal, dass Sie limitierende Entscheidungen verstehen, um sie anschließend loszuwerden.

Egal von welcher Seite man es betrachtet, letztlich bestimmen die Entscheidungen, die wir treffen, unser Schicksal. Tony Robbins hat das u.a. in einem für ihn prägenden Zitat so ausgedrückt.

Die schlechten Entscheidungen bestimmten unser Schicksal unbewusst. Es gibt dabei Muster, die wir haben, die uns von gewissen Dingen abhalten. Die entscheidende Frage ist nun, wie wird man diese Entscheidungen wieder los und die Antwort lautet: Durch diesen Prozess, den „Entscheidungs-Tilger".

Was sind limitierende Entscheidungen?

Dies sind Entscheidungen, die man über das Leben oder sich selbst getroffen hat und die einen irgendwie limitieren bzw. einschränken.

Beispiele wäre Aussagen wie:

Ich kann nicht...
Geld und Spiritualität passen nicht zusammen.
Solange ich gesundheitlich eingeschränkt bin, kann ich nichts weiter tun.
Nur mit Geld kann man Geld machen und ich habe keins.
In Deutschland kann ich beruflich nicht erfolgreich sein.
Ab 40 findet man den passenden Partner nicht mehr.

ALLES, was einen davon abhält weiterzukommen, ist eine limitierende Entscheidung, die irgendwann einmal getroffen wurde.

Wäre es tatsächlich die Wahrheit, so würde auch niemand anderes Ihr gewünschtes Ziel erreichen. Fakt ist: Irgendwo auf der Welt gibt es mindestens einen Fall / eine Person, die Ihr Ziel erreicht hat - unter schwierigeren Bedingungen. Wahrscheinlich gibt es nicht nur eine Person, sondern eine Vielzahl.

Und DAVOR kam die Entscheidung, diese Überzeugung zu akzeptieren (z.B. nicht gut genug für etwas zu sein etc.). Deswegen ist auch hier wichtig, dass die Problemstellung bzw. die limitierende Entscheidung gut formuliert wird. Sie wissen ja:

Gut formuliert ist halb gelöst.

Praktische Anwendung: Der Entscheidungs-Tilger

So läuft der Prozess ab.

Am Anfang machen Sie sich die limitierende Entscheidung, die Sie getroffen haben, bewusst. Wenn Sie sie noch nicht so genau im Kopf haben, können Sie sie durch etwas Überlegung aus dem Unbewussten holen. Das bedeutet einfach, dass Sie auf Ihrer Zeitlinie soweit in die Vergangenheit gehen, bis Sie den Punkt gefunden haben, an dem Sie die Entscheidung getroffen haben.

Selbst wenn Sie es bewusst nicht schaffen, vertrauen Sie einfach Ihrem Unbewussten, es wird Ihnen den Zeitpunkt nennen. Dies kann ein plötzliches Gefühl sein oder ein bestimmter Eindruck verbunden mit einem Datum oder einem Ereignis.

Sollten Sie an den Punkt kommen, an dem Sie es bewusst nicht schaffen, vertrauen Sie Ihrem Unbewussten, auch wenn es sich merkwürdig oder fremd anfühlt. Bewusst hat es ja nicht funktioniert, Sie können also nichts verlieren.

Mit diesem „Bewusst-Machen" aktivieren Sie diese Entscheidung wieder in Ihrem System, um sie dann bearbeiten zu können.

Sie werden durch diese Suche womöglich auch nicht wirklich am ersten Punkt sein, das spielt jedoch erst einmal keine Rolle. Sie stellen es sich einfach vor.

Warum das funktioniert?

ALLE Probleme sind imaginäre Probleme, genau wie alle Lösungen. Wie Einstein schon sagte *Vorstellungskraft ist wichtiger als Wissen.* Vertrauen Sie einfach darauf, dort zu sein. Sie müssen sich nicht wirklich bewusst über den Inhalt sein, Ihr Unbewusstes weiß es!

Der Inhalt ist nicht so wichtig, worum es hier geht, und was wirklich wichtig ist, ist die Entscheidung loszulassen.

Im Laufe des Prozesses werden Sie sich zweier Sachen bewusst sein: Zunächst spüren Sie die Emotionen, die da sind. An dieser Stelle ist es wichtig, dass Sie Ihren Kopf oben behalten (metaphorisch gesprochen) und entschlossen dabei bleiben. Damit ist gemeint, dass Sie in Ihrer Vorstellung weit über der Zeitlinie bleiben, im sogenannten Metazustand. Zum Zeitpunkt als die Entscheidung getroffen wurde, waren Sie nicht in diesem Zustand (Sie waren in der Situation selbst und haben nicht von oben oder außen darauf gesehen).

Deshalb können Sie die Entscheidung jetzt anders wahrnehmen, aus einer völlig neuen und anderen Perspektive und auch mit etwas zeitlichem Abstand.

Die zweite Sache, die Ihnen bewusst wird, ist dann die Entscheidung, die Sie damals getroffen haben. Vielleicht müssen Sie dafür auf der Zeitlinie auch ein wenig vor oder zurück gehen, das ist in Ordnung.

Bzgl. der Entscheidung kann es wirklich alles Mögliche sein. Die Entscheidung für oder gegen eine bestimmte Einstellung, ein Verhalten, eine Meinung, für oder gegen eine Person, einen Ort, eine Sache. Es kann wirklich ALLES sein.

Sobald Sie sich über die zwei Dinge im Klaren sind, gehen Sie noch höher über die Zeitlinie und genau über diesen Moment. Sie schauen dann nach unten, unabhängig davon, ob Sie den Inhalt nun ganz deutlich kennen oder nicht (und an dieser Stelle mit Ihrer Imagination arbeiten).

Diese Position ist die Lernposition. An dieser Stelle nehmen Sie alles auf, Sie speichern die POSITIVEN Lernerfahrungen - und NUR die positiven Lernerfahrungen. Sie machen diese Übung nicht, um noch einmal mit genau derselben Negativität dort „durchzugehen".

An dieser Stelle ein kurzes Beispiel. Als ich den Prozess mal mit einer Klientin durchführte und sie nach Ihren Lernerfahrungen fragte, antwortete sie: *„Ich habe gelernt, dass er ein A... ist!"* Das mag an dieser Stelle eine Erkenntnis sein, die Frage ist aber:

Was sind die positiven Lernerfahrungen? Was bringt es ihr, nach wie vor so über eine andere Person zu denken. Es ist nach wie vor Negativität, Ablehnung und Groll dahinter. Eine schlechte Situation.

Die Frage ist also: Was sind die positiven Lernerfahrungen? Was können Sie aus dieser Situation mitnehmen, das positiv ist.
Es gibt in jeder Situation wirklich *immer* zwei Betrachtungsweisen. Die negative haben Sie damals gewählt, jetzt geht es um die positive. Das sind jene Lernerfahrungen, die es Ihnen dann erlauben, die Entscheidung auch loszulassen. Erfahrungen, die Ihnen etwas bringen und vor allem keine Negativität.

Wie Sie diese Lernerfahrungen aufnehmen, ist völlig individuell. Vielleicht spüren Sie es irgendwie im Körper mit konkreten Wahrnehmungen, vielleicht ist es auch nur ein Kribbeln oder etwas in der Art. Es kann eine innere Stimme sein oder auch ein Bild, welches Sie vor Augen haben. Alles ist in Ordnung.

Sobald die Lernerfahrungen da sind, geht es wieder runter, also näher an die Zeitlinie heran und zurück, mindestens eine Stunde bevor diese Entscheidung überhaupt getroffen wurde. Zu diesem Zeitpunkt hat das Ereignis und die Entscheidung noch gar nicht stattgefunden. Und an genau dieser Stelle wird die Entscheidung losgelassen mit Hilfe der positiven Lernerfahrungen.

Sie haben also jetzt die positive Lernerfahrung, die Sie entdeckt haben bzw. die Sie sich ausgesucht haben. In Ihrer Vorstellungskraft sind Sie jetzt eine Stunde vor dem Eintreten des eigentlichen Ereignisses (so wie in *„Zurück in die Zukunft“* mit Michael J. Fox). Nur haben Sie jetzt eine (positive) Erfahrung für sich mitgenommen, die es Ihnen erlaubt, die Situation ganz anders zu bewerten. Nämlich mit einem Nutzen für Sie. Was bleibt ist die Erinnerung an dieselbe Erfahrung, nur, dass sie jetzt positiv abgespeichert ist und nicht mehr negativ.

In Kürze ist das der Prozess des Entscheidungs-Tilgers. Machen Sie es sich bequem und nehmen Sie sich am besten einer der limitierenden Entscheidungen, die Sie bereits vorher ausgearbeitet haben. Und los geht’s mir dem Vorgang… einfach mal ausprobieren und schauen, was so passiert.

Erfolgssicherung - Behalten Sie den Prozess stets im Auge

„Entschlossenheit heute - Erfolg morgen." **Unbekannt**

Sie wissen mittlerweile wie Sie einiges an Veränderungen in Ihrem Leben durchführen können. Jetzt ist es wichtig diesen Vorgang nicht aus den Augen zu lassen und es zu einer dauerhaften, positiven Gewohnheit zu machen.

Dazu müssen Sie den Prozess bzw. Ihre Entscheidungen, Ihre Ziele, Ihre Werte und Ihre Handlungen im Auge behalten. Wahrscheinlich haben Sie nicht ständig einen Coach oder Beobachter um sich selbst herum, der Ihnen diese Aufgabe abnimmt. Schaffen Sie sich deshalb Rahmenbedingungen oder Systeme, die Ihnen dabei helfen in diesem Rhythmus zu bleiben.

Regelmäßig mit Zielen befassen

Der erste Schritt ist, dass Sie sich Ihre Ziele immer wieder bewusst machen. Dabei hilft Ihnen die K.R.E.A.T.I.O.N. Formel. Nicht wenige Menschen setzen sich ein Ziel und vergessen nach ein paar Tagen oder Wochen ganz einfach, dass sie sich dieses Ziel jemals gesetzt haben. Das ist völlig unnötig. Sie können sich Ihr Ziel aufschreiben und stets mit dabei haben, egal ob auf Papier oder digital.

Sie können dabei kreativ sein und z.B. eine Mindmap anlegen oder es einfach nur in einem Satz aufschreiben. Wichtig ist dabei, dass Sie es einfach nur mental präsent haben. Je präsenter Ihnen Ihr Ziel ist, desto mehr können Sie Ihre Gedanken, Ihre Entscheidungen und Ihr Handeln danach ausrichten. Entscheidungen fallen in verschiedenen Situationen viel leichter, weil Sie wissen, ob diese Entscheidung jetzt eher hinderlich oder förderlich für das Erreichen Ihres Ziels ist.

Diese Frage ist also wirklich wichtig:

Ist diese Entscheidung jetzt für das Erreichen meines Ziels hinderlich oder förderlich?

In den meisten Fällen ist es ziemlich schnell klar, welche der beiden Möglichkeiten hier zutrifft. Tony Robbins spricht in seinen Büchern und Seminaren von der „Hour of Power", der Stunde der Macht. Er empfiehlt dabei, dass Sie sich eine Stunde / Tag nehmen, nur für Ihre Ziele, Ihre Lebensvision, Ihre Stärken usw. In dieser Stunde legen Sie die Basis für den Tag und rufen sich regelmäßig in Erinnerung, was Sie wann, wo, wie und mit wem erreichen wollen. Und je mehr das die ganze Zeit bewusst ist, desto mehr richten sich die Handlungen danach. Dadurch steigt die Wahrscheinlichkeit, das Ziel auch tatsächlich zu erreichen.

Natürlich gibt es niemals eine Garantie. Es geht mit allen Ansätzen hier darum, dass Sie Ihre Wahrscheinlichkeiten für das Erreichen Ihrer Ziele erhöhen. Garantien und Sicherheiten gibt es einfach nicht.

Die empfohlene „Hour of Power" empfiehlt sich am besten gleich am Morgen. Sie werden nicht gestört und Ihr Kopf ist noch nicht mit anderen, tagesrelevanten, Themen gefüllt. Klingelnde Telefone oder Türklingeln sind am frühen Morgen unwahrscheinlich. Genauso Familie oder der Hund.

Ein kleines Wort der Warnung: Die allerwenigsten Menschen nehmen sich morgens diese Zeit. Es geht dabei nicht um die volle Stunde, sondern um das Prinzip. Natürlich können Sie sich auch eine halbe Stunde nehmen. Es geht um das regelmäßige Befassen mit Ihren eigenen Zielen - mit dem, was Sie erreichen wollen. Heißt: Sie tun es nur für sich selbst! Ob es das wert ist... diese Entscheidung liegt natürlich bei Ihnen.

Eine weitere Frage, die hilft sich womöglich für Handlungen in diese Richtung zu entscheiden (mir ist klar, dass ausschlafen eine tolle Sache ist - oder schlafen generell).

Mal angenommen ich hätte mit ...... (gewünschtes Verhalten) schon vor einem Jahr begonnen. Wo wäre ich heute?

Ich liebe diese Frage. Sie führt einem gleich mehrere Dinge vor Augen.

Erstens natürlich die gedankliche Auseinandersetzung mit einem möglichen Wunschszenario. Innerhalb eines Jahres ist wirklich sehr viel zu schaffen. Ich habe einmal bei einem Seminar gelernt, dass Menschen gnadenlos überschätzen, was sie in einem Monat alles erreichen können und gnadenlos unterschätzen, was in einem ganzen Jahr machbar ist.

Zweitens zeigt es einem, wie schnell so ein Jahr eigentlich rum ist und wie leicht es wahrscheinlich gewesen wäre, dieses Verhalten auch wirklich praktisch umzusetzen. Mit der Zukunft vor uns glauben wir oft, dass wir diese Zeit nicht wirklich haben und fangen gar nicht erst an. Im Rückblick jedoch können und müssen wir uns häufig eingestehen, dass diese Zeit auf jeden Fall dagewesen wäre - hätten wir nur erst einmal angefangen.

Feedback

Im Laufe des Prozesses ist es nicht unerheblich, dass Sie das richtige Maß an Selbsteinschätzung finden. Natürlich ist das sehr leicht daher gesagt. Denn was ist „das" richtige Maß? Es hängt ab von Ihrer Zielsetzung (der Punkt „realistisch" ist maßgebend) und dem Grad an Ehrgeiz, den Sie sich selbst gegenüber einbringen.

Und ja, es wird natürlich Rückschläge geben. Jemand sagte einmal:

„Ich liebe Hindernisse. Sie geben mir die Möglichkeit, mich von meinen Konkurrenten zu unterscheiden."

Und es stimmt. In dem Moment, wo Sie sich ein Ziel setzen, tauchen automatisch auch Hindernisse auf. Das liegt in der Natur der Sache. Gäbe es keine Hindernisse, so wäre das Ziel kein wirkliches Ziel, mehr ein Spaziergang.

Die Rückschläge, die Sie erleben, sind was sie sind. Kleine Rückschläge. Ihre Beurteilung dieser Rückschläge beeinflusst Ihre Motivation für den weiteren Weg. Wir haben bereits über Sprache und ihre Bedeutung gesprochen. Es beginnt damit wie Sie „Rückschläge" bezeichnen und bewerten. Nennen Sie es „Versagen", so wiegt es natürlich ungleich schwerer, als wenn Sie es „Rückschlag" titulieren.

Die Situation ist, wie sie ist. Was es ist, was es für Sie ist, bestimmen Sie allein. Fragen Sie sich: Möchten Sie sich lieber mit einem Rückschlag auseinandersetzen oder mit einem „Versagen"? Auch Rückschlag hat noch eine negative Bedeutung. Eine Formulierung, die häufig verwendet wird ist „Feedback". Das ist, was es ist.

Sie haben ein Ziel und unternehmen etwas. Es klappt nicht wie gewünscht. Sie erhalten also auf Ihr Verhalten eine Reaktion und können dies nun als Feedback für Ihren Einsatz bewerten. Das Feedback ist entweder gut oder eben nicht. Die Bedeutung von Feedback ist, dass Sie eine Information bzgl. eines Verhaltens bekommen, um sich weiter zu verbessern. Eine effektive Methode also, wenn es um den Weg geht, den Sie gehen.

Machen Sie sich bitte nie selbst fertig. Auch wenn es mehrere Versuche benötigt. Wenn Sie sich selbst „Schuld geben", „fertigmachen" oder „verurteilen"... was haben Sie wirklich davon? Sie stellen sich selbst womöglich sehr negativ dar und das wird für die Eigenmotivation hinderlich sein.

Sehen Sie es als Feedback, sich weiter zu verbessern, Verhalten zu optimieren und zu verändern. Genau das unterscheidet in vielen Bereichen durchschnittliche Resultate von guten und gute von sehr guten. Top-Profis wie z.B. der Tennisprofi Roger Federer zeichnen sich dadurch aus, dass obwohl sie bereits so gut sind und alles gewonnen haben, weiterhin dankbar für Feedback sind, um sich weiter zu verbessern.

Es ist eine reine Interpretationssache, ja! Wie wichtig aber genau dies ist, das haben Sie ja bereits erfahren.

Erfolge

Achten Sie in Ihrem Prozess nicht nur auf Rückschläge und Dinge, die es weiter zu verbessern gilt. Es gibt zwangsläufig auch Erfolge bei verschiedenen Etappenzielen. Feiern Sie diese! In welcher Art und Weise ist natürlich wieder Ihnen selbst überlassen.

Wichtig ist, nicht nur das zu sehen, was noch nicht erreicht ist und was noch alles zu erledigen ist. Sie bekommen so womöglich ein Gefühl der Überwältigung und von „Oh man, ich weiß gar nicht wie und wann ich das alles noch schaffen soll."

Achten Sie gleichzeitig auf das was Sie bereits geschafft haben. Erlauben Sie es sich stolz zu sein und sich zu freuen. So weit sind Sie bereits gekommen.

Es ist dasselbe wie in der Arbeitswelt. Häufig empfinden es Mitarbeiter als äußerst demotivierend, wenn ihnen ihr Chef am Ende eines langen Projekts anerkennend auf die Schulter klopft und vorher acht Wochen lang nur Stress gemacht hat. Das steht im krassen Missverhältnis und motiviert die wenigsten. Liest man Umfragen (egal wann und wo, die Resultate sind dabei relativ stabil), so führen Mitarbeiter häufig an, dass Sie gern mehr Anerkennung möchten in Form eines *„Gut gemacht."* oder auch nur ein einfaches *„Danke."*. Dieser Wunsch rangiert bei vielen noch vor dem Wunsch, mehr Geld zu verdienen.

Das Geheimnis vom Glücklichsein

An dieser Stelle ein kleiner Exkurs zum einfachen und doch so großen Thema: Wie werde ich glücklich(er)?

Die Antwort darauf ist erstaunlich einfach. Es kostet definitiv kein Vermögen dieses „Geheimnis" herauszufinden. Jemand der unglücklich ist, richtet seine Aufmerksamkeit mehr auf die Dinge, die er nicht (mehr) hat. Er achtet auf all das, was in seinem Leben fehlt und je länger er das tut, umso unglücklicher wird er. Der Mangel wird immer deutlicher und die Sehnsucht immer größer. Und je größer die Sehnsucht wird, umso unglücklicher oder unzufriedener wird man.

Auf der anderen Seite hat jeder jederzeit die Möglichkeit, seine Aufmerksamkeit auf die Dinge zu lenken, die er hat. Ich kann mich umsehen und mich über all die Dinge freuen, die ich bereits habe. Dies können die Beziehungen im Leben sein, Gesundheit oder auch materielle Dinge, ganz egal. Je mehr man auf das achtet, was man bereits hat, desto mehr Dankbarkeit und Zufriedenheit spürt man - oder Glück.

Das ist alles!

Es klingt so einfach. Schauen Sie sich die Menschen in Ihrem Umfeld an, die unglücklich sind und unterhalten Sie sich mit Ihnen. Es wird definitiv ein Mangel, ein Wunsch oder eine Sehnsucht im Fokus stehen. Etwas, das nicht da ist und was sich die Person wünscht. Häufig hören diese Menschen: *Aber schau doch mal was du alles hast. Du bist gesund, du hast einen tollen Job…* usw. Aber unglückliche Menschen wollen dies nicht hören. Sie weigern sich regelrecht, dies als toll oder besonders anzusehen und führen an: *Ja aber…* und dann kommt der Mangel.

Worauf man seine Aufmerksamkeit richtet bleibt jedem selbst überlassen. Wir haben die Wahl glücklich zu sein oder nicht. Das ist unabhängig von persönlichen Zuständen oder Besitz. Es gibt Menschen auf dieser Welt, die von allem weniger haben als Sie und sie sind glücklich. Sie machen im Kopf etwas anders als all die unglücklichen Menschen, die immer mehr, mehr, mehr wollen.

Der Reality Check

Bei all diesen Vorhaben, Plänen und Veränderungsprozessen müssen Sie eine Sache im Auge behalten und ständig hinterfragen. Eine Sache, die die meisten Menschen sich sehr selten oder überhaupt nicht fragen.

Funktioniert was ich hier mache oder nicht?

Und zwar nicht im Kopf oder theoretisch. In der wirklichen Welt, der Realität. In der Welt, wo auch andere Menschen es wahrnehmen können oder nicht.

Ein Beispiel aus dem Beziehungsbereich.
Ein Paar hat Streit oder eine Krise. Und jetzt sagt einer der beiden: *Meine Mutter sagt, dass ich im Recht bin. Unser Therapeut sagt, dass ich im Recht bin und auch mein Priester sagt, dass ich im Recht bin. Ich habe recht und er/sie liegt falsch.*

Wunderbar. Lauter Bestätigung. Solange die andere Person es aber komplett anders sieht, ändert sich an der Situation absolut nichts. Das bedeutet, dass das, was die Person tut, in der Realität ganz einfach nicht funktioniert. Die Realität zeigt in diesem Fall, dass es Streit / eine Krise gibt. Und da kann man noch so viel Recht haben und Bestätigung. Was in dieser Beziehung gemacht wird (was immer das sein mag) funktioniert nicht. Es wäre also ratsam ein Verhalten hier zu verändern.

Ein Beispiel aus dem Geschäftsbereich:
Jemand setzt eine Internetseite auf und versucht dort etwas zu verkaufen. Sagen wir ein Ebook oder einen Kurs. Die Person gestaltet die Seite, platziert Werbung, das Produkt ist gut und macht alles Mögliche „richtig". Aber: Die Käufe bleiben aus. Die Person bekommt Hinweise, ignoriert diese jedoch mit: *„Aber das mache ich schon und außerdem… blablabla."*.

Das mag alles so sein und auch stimmen. Aber: Die Realität zeigt, dass etwas eben nicht stimmt, sonst wären ja Verkäufe da. Welcher Punkt es ist, müsste herausgefunden werden. So aber ist die Strategie insgesamt eben noch nicht richtig.

Schauen Sie sich einfach an, was Sie tun und welches Ergebnis Sie haben. Besteht eine Differenz, so funktioniert, was Sie tun, zumindest nicht zu 100%. Und dabei spielen Erklärungen und Rechtfertigungen überhaupt keine Rolle (denken Sie wieder an Ursache und Wirkung).

3 Möglichkeiten in einer bestimmten Situation

Sie haben, in egal welcher Situation, immer drei Möglichkeiten auf und in einer Situation zu reagieren.

Nr. 1 - Verändern Sie die Situation

Sie ändern die Situation. Das bedeutet natürlich: Sie verändern etwas an sich. Ihre Denkweise, Ihr Verhalten, Ihre Ziele. Sie sind unzufrieden in einer Situation, also bedarf die Situation einer Veränderung, ausgelöst durch Ihr Verhalten. Als Beispiel sind Sie womöglich unzufrieden mit Ihrem derzeitigen Projekt bei der Arbeit. Ihnen gefällt nicht, wie Ihr Kollege an die Dinge herangeht, dummerweise müssen Sie aber zusammenarbeiten. In dieser Variante könnten Sie mit Ihm sprechen, um die Situation zu verändern oder Sie verändern Ihre Arbeitsweise oder etwas in der Art.

Nr. 2 - Sie verlassen die Situation

Die zweite Möglichkeit ist, dass Sie die Situation hinter sich lassen bzw. verlassen. In unserem Arbeitsbeispiel hieße das, dass Sie die Arbeit am Projekt einstellen oder sich an Diskussionen einfach nicht mehr beteiligen.

Nr. 3 - Sie akzeptieren die Situation

Sollten Sie sich nicht dazu in der Lage sehen die Situation zu verändern (was immer geht in meinen Augen, da es ja an einem bestimmten Punkt „nur" im Kopf liegt. Sie erinnern sich: Probleme sind imaginär, genau wie Lösungen) oder zu verlassen (ist manchmal mit größeren Konsequenzen verknüpft), so bleibt Ihnen, Ihren Frieden mit der Situation zu machen, sie als gegeben hinzunehmen und zu akzeptieren.

Wichtig bei dieser Variante: Wenn Sie die Situation akzeptieren, dann bitte voll und ganz, nicht mit negativen Emotionen wie Groll oder unterdrückter Wut o.ä. Das ist kontraproduktiv und bedeutet auch nicht wirklich die Situation zu akzeptieren.

Sie sehen bei all den Themen in diesem Abschnitt, dass die mentale Rolle die entscheidende ist. Wir haben die Freiheit im Kopf uns stets für verschiedene Möglichkeiten zu entscheiden. Die Frage ist, ob wir das wahrhaben wollen oder vielleicht nur eine Möglichkeit akzeptieren und diese dann mit aller Macht umsetzen möchten.

Wenige Worte - viel Substanz
Kleine Prinzipien, die jeden Tag verändern können

„Genieße die kleinen Dinge. Eines Tages siehst du vielleicht zurück und erkennst, dass sie große Dinge waren." **Robert Brault**

Mache stets ein wenig mehr als erwartet

Im Englischen sagt man *Geh die extra Meile (Walk the extra mile).*
Sie kennen das, wenn Sie z.B. in ein Cafe gehen und etwas bestellen und die Bedienung ist freundlicher als "normal", kümmert sich besonders gut um Sie und hat einen extra Keks für Sie übrig (oder sowas in der Art).

Die Bedienung geht die extra Meile, den kleinen Schritt mehr. Und, da es definitiv auffällt (alle anderen tun es ja nicht), wirkt es auf Sie umso positiver. Es besteht eine gute Chance, dass Sie dieses Cafe wieder besuchen oder es weiterempfehlen (oder beides).

Für die Bedienung ist es nur ein kleiner Aufwand, für das Cafe und seinen Ruf bedeutet es etwas Besonderes.

Dieses kleine Extra, dieser kleine zusätzliche Aufwand bringt meistens einen (im Verhältnis) viel größeren Ertrag mit sich. Das muss kein finanzieller Ertrag sein, es kann alles Mögliche sein.

Tun Sie etwas mehr als erwartet, so haben Sie sehr schnell auch einen besonderen Ruf. Sie ragen aus der Menge heraus, Sie werden als "heraus-ragend" wahrgenommen.

Faszinierend dabei ist, dass es vielen Menschen zu anstrengend ist, dieses kleine bisschen mehr zu tun. Das ist unglaublich! Genau dieselben Menschen sind es, die sich über Ungerechtigkeiten beschweren und darüber, dass sie es sind, die regelmäßig übergangen werden oder zu wenig Beachtung finden.

Sich dieses kleine Prinzip zur Gewohnheit zu machen, lohnt sich meist schon sehr schnell. Denken Sie bitte daran, es muss keine große Sache sein.

Stehe früh auf

Bei diesem Punkt schauen die meisten Menschen nicht glücklich. Ihr Schlaf ist Ihnen heilig.

Sie *möchten* gern lange schlafen. Die Frage ist, ob sie lange schlafen *müssen,* weil sie viel Schlaf *brauchen.*

Nicht wenige Menschen klagen gern, dass ihnen Zeit fehlt für ________.
An dieser Stelle kommen häufig Themen, die mit der persönlichen Entwicklung zu tun haben. Das ist nicht nur schade, sondern vor allem auch traurig.

Überlegen Sie einmal, was Sie alles gewinnen, wenn Sie früh aufstehen. Die genaue Uhrzeit möchte ich hier nicht einmal definieren.

Sagen wir, Sie müssen um 6:30 morgens raus und stehen stattdessen um 5:30 auf.

In dieser Zeit sind Sie in Ihrem Tun völlig ungestört. Mit Anrufen oder Menschen, die etwas von Ihnen wollen ist kaum zu rechnen. Die Familie zu Hause schläft wahrscheinlich auch noch. Sie haben jetzt Zeit, die nur für Sie ist.

Hier können Sie nun Sport treiben (ein tolles Gefühl übrigens, dies schon am Morgen erledigt zu haben), Dinge an Ihrem Rechner abarbeiten oder eben an sich selbst arbeiten. Sie können sich mit Ihren Zielen befassen und natürlich auch mit Themen aus diesem Buch. Auch Yoga und Meditation ist eine beliebte Tätigkeit für den frühen Morgen.

Darüber hinaus beginnen Sie den Tag ganz anders als die breite Masse. Sagen wir Sie müssen um 7:30 im Büro sein. In meinem Beispiel sind Sie zu diesem Zeitpunkt bereits richtig wach. Sie sind seit 2 Stunden auf den Beinen und hatten genügend Zeit, sich mit selbst zu befassen und die morgendliche Routine zu erledigen.

Sie kennen Menschen, die morgens überhaupt nicht richtig aus den Augen schauen können und erstmal „wach werden müssen".

Ein häufiges (und absolut ungültiges) Argument gegen das frühe Aufstehen ist nicht selten, dass Menschen abends lange wach sind. Das mag natürlich sein und Schlaf ist wichtig.

Die entscheidende Frage ist: Womit verbringen Sie die letzten 1-2 Stunden bevor Sie ins Bett gehen und ist diese Zeit sinnvoll für Sie genutzt (verglichen mit den Tätigkeiten, die Sie früh morgens erledigen würden)?

Stelle Fragen

Die Qualität der Antworten, die wir im Leben erhalten, hängt von der Qualität der Fragen ab, die wir stellen.

Und darunter fallen nicht nur Fragen, die Sie an andere richten, sondern zu allererst einmal die Fragen, die Sie sich selbst stellen.

Eine gut gestellte Frage impliziert, dass die Lösung schon zu 50% vorhanden ist.

Sie haben im Laufe des Buches schon etliche Fragen gelesen, die Sie immer wieder für sich selbst anwenden können und die nicht selten sehr effektive Gedankengänge initiieren.

Folgende Frage ist z.B. sehr wertvoll, wenn Sie in einer herausfordernden Situation sind und erst einmal nicht weiter wissen:

Was gibst du vor nicht zu wissen, was dich jetzt dieses Problem nicht lösen lässt?

Eine super Frage. Sie setzt bei einem selbst an und hinterfragt die Einbeziehung aller möglichen Ressourcen, die hilfreich sein können. Die Frage impliziert außerdem, dass Sie die Lösung bereits kennen, aber einen bestimmten Teil ganz bewusst ausblenden. Vielleicht weil er unangenehm ist?

Die Fragen, die Sie anderen stellen, sind genauso wichtig. Die direkte Kommunikation wird häufig gemieden, ich weiß ehrlich gesagt nicht warum.

Sie haben sicherlich schon einmal gehört, dass man, um etwas zu bekommen, „einfach" nur fragen muss. Und obwohl das mit Sicherheit nicht immer funktioniert, ist doch erstaunlich, WIE oft es klappt.
Bestimmt haben Sie in verschiedener Literatur schon gelesen, dass man „nur" fragen muss und schon passieren die tollsten Dinge.

So ist es natürlich nicht (immer). Erstaunlich ist jedoch, wie kompliziert es sich viele machen, gerade weil sie nicht fragen (wollen).

Überlegen Sie einfach mal, wie Sie selbst Menschen gegenüber treten, die Sie einfach nett um etwas bitten. Sie sagen doch auch nicht allzu oft *Nein,* oder?

Nicht über andere reden

Und damit meine ich vor allem: Nicht schlecht über andere reden.

Ich finde es immer erstaunlich, wie oft Menschen in irgendwelchen Gesprächen über andere reden. Häufig sind es keine guten Dinge, die dort kommuniziert werden.

Warum eigentlich?

Eleanor Roosevelt hat einmal gesagt, dass kleine Geister über andere Menschen sprechen, mittlere Geister über Ereignisse und große Geister über Ideen.

Was hat jemand davon, über andere in deren Abwesenheit schlecht zu reden?

Ja, Menschen tun es, weil sie vielleicht von eigenen Unzulänglichkeiten ablenken wollen. Warum sich aber nicht mit ihnen befassen und sie verändern? Brächte das nicht ein Vielfaches mehr? Natürlich!

Mir ist bewusst, dass jeder zu bestimmten Zeitpunkten über andere spricht. Ganz abstellen kann man es wohl nicht. Aber merklich reduzieren! Überlegen Sie einmal, wie viel Zeit es bislang gekostet hat über andere zu sprechen, ohne dass es Ihnen einen Nutzen gebracht hat. Das ist erstaunlich.

Schließen Sie gleich einen zweiten Gedanken hinten an und stellen Sie sich einmal vor, Sie hätten diese Zeit in Gedanken an etwas Produktives, Ihre Ideen und Ziele oder gegenwärtige Projekte investiert. Wie viel weiter wären Sie?

Als ich dieses Zitat von Eleanor Roosevelt das erste Mal las, habe ich mir vorgenommen, mich selbst zu beobachten. Und ich stellte fest, dass es mir auch relativ oft so ging, dass ich über andere geredet hatte. Also versuchte ich in diesen Momenten ein anderes Thema anzuschneiden. Einzige Ausnahme: Wenn es etwas Gutes oder Bewundernswertes war, dann habe ich weiter gesprochen.

Und es macht einen riesigen Unterschied. Es fühlt sich befreiend an nicht über andere zu sprechen und negative Energie zu verbreiten.

Besonders schön ist auch, wenn Sie merken, dass andere über andere sprechen und Sie stehen daneben und entscheiden sich ganz bewusst dagegen (*„Dazu habe ich nicht wirklich eine Meinung."*). Es fühlt sich sehr gut an und führt Ihnen gleichzeitig vor Augen wie viel effektiver Sie mit Ihren mentalen Fähigkeiten umgehen.

Konzentrieren Sie sich auf die wenigen essenziellen Dinge oder die vielen Trivialen?

Kein Gemecker, keine Klagen

Dieses Prinzip liegt dicht beim vorherigen und doch unterscheidet es sich ein wenig.

Gerade wenn alles ein bisschen viel wird und Sie in verschiedenen Bereichen immer mehr Energie abrufen müssen, um der Dinge Herr zu werden, ist es nicht immer leicht, nicht darüber zu klagen.

Die meisten Menschen tun es. Gerade in Deutschland geht es uns, verglichen mit fast allen anderen Ländern auf dieser Welt, sehr gut und wir jammern häufig auf hohem Niveau. Das hat mit der Einzelperson natürlich nichts zu tun. Jede Situation ist anders und jeder hat unterschiedliche Fähigkeiten diese zu meistern.

Klagen jedoch hat noch niemandem etwas gebracht. Und meckern sowieso nicht. Im Gegenteil. Sie fokussieren sich auf negative Energie und beim Gegenüber kommt es mit Sicherheit nicht positiv an. Oder hören Sie sich gern das Gemecker anderer Personen an?

Es geht hier nicht darum, dass man nicht mal Dampf ablassen kann oder darf. Natürlich ist das erlaubt (ist ja manchmal auch gesund). Es geht um Meckereien und Unzufriedenheiten, wenn es nicht nötig ist.

Ein lösungsorientiertes Denken hilft dabei. Schwierigkeiten, Probleme und Herausforderungen (wie auch immer Sie es für sich definieren) gibt es jede Woche. Das ist das Leben.

Die Rechnung ist dieselbe wie beim vorherigen Prinzip. Überlegen Sie einmal Sie hätten von allen den Klagen und Meckereien, die Sie selbst geäußert haben nur ca. 25% geäußert und die übrigen 75% an Zeit in andere Gedanken gesteckt.

Die Gedanken, die wir kontinuierlich denken, werden zur Gewohnheit, welche wiederum unser Handeln bestimmen, welches unseren Alltag und unser Schicksal bestimmt. Leider werden diese einfachen logischen Reaktionsketten meist völlig missachtet und dann, bei Problemen, nach einer schnellen „Tablettenlösung" gesucht.

Beginnen Sie vorn, beim Sortieren der eigenen Gedanken in die richtige Richtung. Die Richtung, die Ihnen hilft Lösungen zu finden und sich auf Ihre Ziele hinzu bewegt. Nicht davon weg.

Lache und mache auch andere heiter.
Klagen und zagen hilft niemals weiter. (Erhard Lenk)

Vergangenheit ist nicht gleich Zukunft

Dieses Prinzip taucht im Buch bereits auf. Und doch möchte ich hier noch einmal kurz darauf eingehen.

Kennen Sie das, wenn Menschen ungefähr so argumentieren:

„Das ist das letzte Mal auch schief gegangen, deshalb..."
„Aber als ich noch zur Schule ging, bin ich auch..."
„Unsere Firma hat das mal so beschlossen."

Und so weiter. Sätze, die so oder so ähnlich klingen können Sie jeden Tag in Massen hören. Und sie drücken vor allem eine Sache aus: Totale Einschränkung!

Ja, etwas haben Sie in der Vergangenheit mal so oder so gemacht (das gilt positiv wie negativ). Ja, es ist vertraut und daher einfach und somit nur logisch, dass man es wieder tut. Ja, es ist anstrengend und unsicher sich von Vertrautem zu lösen und sich auf Neues einzulassen.

Und doch zählt nur eine einzige Sache: Die Vergangenheit ist vorbei!
Und in vielerlei Hinsicht wiederholen sich Dinge nicht zwangsläufig.

Wenn die deutsche Fußballnationalmannschaft bei der WM oder EM den Titel holt und mit der Taktik von ´54, ´74 oder ´90 spielt, wird sie wahrscheinlich sehr früh scheitern. Die Zeiten haben sich geändert und somit auch Spielstile, Fähigkeiten und letztlich das Spiel an sich.

Spielt ein Schauspieler immer wieder dieselbe Rolle (z.B. Hugh Grant), so wird er vermutlich nie einen Oscar gewinnen. Es funktioniert wie es das immer getan hat, bis alle sagen: *„Ach, das haben wir doch schon Hundert mal gesehen…"*

Oder denken Sie an Mode. Tragen Sie heute noch das, was Sie vor 5, 10, 20 Jahren richtig sexy und modern fanden? Vielleicht in einigen Fällen. In den meisten Fällen verdrehen die Menschen die Augen und fühlen sich eher peinlich berührt, jemals „so etwas" getragen zu haben.

Die Zukunft können Sie nicht mit der Vergangenheit gleichsetzen. Es gibt sicherlich manchmal Parallelen und auch die gleichen Resultate. Es ist jedoch niemals garantiert. Aus genau diesem Grund sollten Sie also nicht im Vorfeld davon ausgehen, dass auch diesmal alles so sein wird wie in der Vergangenheit.

Schenke nicht jedem Gehör

Kennen Sie dieses Bild vom kleinen Teufel auf der einen Schulter und dem kleinen Engel auf der anderen? Klar, Sie kennen dieses Bild aus Filmen, aus Erzählungen und wahrscheinlich aus persönlicher Bekanntschaft von sich selbst.

In einer Situation, in der Sie unentschlossen sind, tauchen diese beiden auf und versuchen Sie zu beeinflussen.

Auch innerlich gibt es eine negative Stimme und eine positive. Viele Menschen hören die negative sehr schnell, sehr deutlich und sehr oft im Vergleich zur positiven.

Aber: Es ist doch absolut Ihre Entscheidung, wem Sie zuhören und wem nicht. Wenn also diese negative Stimme auftaucht, wer schenkt ihr Gehör? Und warum?

Die positive Stimme ist mit Sicherheit da, nur entscheiden Sie sich vielleicht in dem Moment dafür, ihr nicht zuzuhören. Das Resultat sind Selbstzweifel und Unsicherheit, noch mehr Fragen an sich selbst und am Ende kein wirkliches Handeln.

Bezüglich anderer Menschen ist es genauso. Wenn Sie ein Ziel vor Augen haben und diesem nachgehen, gibt es Menschen, die Ihnen gut zureden und andere, die überall nur die negativen Dinge sehen (und das häufig obwohl diese Menschen selbst in dem jeweiligen Bereich überhaupt keine Erfahrung haben!). Wem hören Sie mehr zu und warum?

Wichtig ist, dass Sie sich immer wieder vor Augen führen, dass Sie selbst entscheiden können, wem Sie zuhören und wem nicht.

Treffen Sie diese Entscheidung ganz pragmatisch. Überlegen Sie, wer Ihnen in einem bestimmten Bereich am ehesten weiterhelfen kann und tauschen Sie sich aus. Erschreckend viele Menschen wählen Personen für Hilfe aus, die diese Aufgabe gar nicht erfüllen können.

Sie sprechen über Beziehungsprobleme mit ihrem Friseur, über gesundheitliche Beschwerden mit Bekannten (die nicht im Gesundheitsbereich tätig sind) und über Hürden im Job mit ihren Freunden (die natürlich woanders arbeiten). Diese Ratschläge sind nicht viel wert im Vergleich zu denen mit dem Potential etwas verändern zu können (in diesen Beispielen: Der eigene Partner, ein Arzt oder Therapeut, Kollegen oder der Chef).

Sie hören nicht jedem zu, schenken Sie auch nicht jedem Ihr Gehör.

Sei egoistisch

Nicht so wie Sie jetzt vielleicht denken.

Ich meine nicht das „böse" egoistisch mit null Rücksicht auf die Bedürfnisse anderer Menschen.

Ich meine das „egoistisch", wo Sie in erster Linie auf sich selbst achten und Ihre eigenen Bedürfnisse in den Vordergrund stellen. Aus verschiedenen Gründen ist das wirklich wichtig und notwendig.

1.
Es ist IHR Leben, IHRE Energie, IHRE Zeit und letzten Endes auch IHR Resultat, mit dem Sie leben (müssen). Somit sollten Sie Ihre Bedürfnisse auch an die erste Stelle setzen, sonst ist Ihr eigener Energie-Topf irgendwann leer.

2.
Achten Sie nicht auf sich selbst, auf Ihr Lebensglück, Ihre Erfüllung und das was Ihnen täglich Freude bereitet, so können Sie auch anderen (die Sie vielleicht stets vor sich selbst setzen) keine große Hilfe sein. Wenn Sie stets anderen geben, geben, geben und nie auf sich achten, dann haben Sie bald nichts mehr, was Sie noch geben könnten.

3.
Auf sich selbst achten und die eigenen Bedürfnisse heißt nicht, dass Sie andere schlecht behandeln und ihnen alles abschlagen sollen. Es geht lediglich darum die richtige Reihenfolge im Blick zu behalten.

4.
Kümmern Sie sich nicht um die Dinge, die Ihnen Spaß machen und die Sie für sich tun, sind Sie letztlich auch nicht mehr Sie selbst. Sie sind nicht mehr die Person, die Sie eigentlich ausmacht, weil Sie ja nicht mehr tun, was Sie tun, um diese Person zu sein (was für ein Satz…).

5.
Ersetzen Sie das Wort „egoistisch" mit etwas positiverem. Sie können es z.B. Prioritäten nennen oder Bedürfnisse. So setzt es sich gar nicht erst auf die falsche Art und Weise in Ihrem Kopf fest.

Mache täglich (ernstgemeinte) Komplimente

An meine Studienzeit denke ich gern zurück. Besonders an die Menschen, die zu dem damaligen Zeitpunkt in meinem Leben waren. Eine Dozentin gab uns damals eine Aufgabe mit auf den Weg. Ich gebe Ihnen diese „Aufgabe" so weiter, wie ich sie damals bekam.

„Gebe jeden Tag so viele Komplimente wie es geht an andere Menschen. Besonders an Fremde. Und schau was passiert."

Zur damaligen Zeit arbeitete ich in einem Getränkemarkt und ich sah eine Menge Kunden (und nicht nur die freundlich gebildeten…). Zur Aufgabe gehörten zwei Bedingungen. Das Kompliment muss ehrlich und ernst gemeint sein. Und es muss mit der Person zu tun haben.

Ich begann also Menschen, die ich nicht kannte Komplimente zu machen:

„Sie haben tolles Haar, besonders diese kleinen Locken."
„Mir gefällt Ihre Geldbörse, wirklich toll."
„Sie haben eine sehr angenehme Stimme."

Das Spannende an dieser Aufgabe war, dass ich bei manchen Menschen sehr kreativ sein musste, um etwas zu finden, was mir tatsächlich gefällt.

Nach einer 4-Stunden-Schicht hatte ich folgende Erkenntnisse:

- Es IST möglich jedem Menschen Komplimente für (mehrere) Dinge zu machen
- Man achtet ganz anders auf Menschen und sucht nach positiven Merkmalen
- Dadurch ist die Kommunikation auf einem tollen Level
- Negatives wird völlig an den Rand gedrängt

Und obwohl ich Komplimente nur gab, was glauben Sie wie ICH mich fühlte?
Ich fühlte mich großartig!! Voller Energie und Freude.

Es ist nicht schwer und löst so viel Gutes aus.

Was mir auch noch auffiel: Viele Menschen sind Komplimente absolut nicht gewohnt und reagieren z.T. etwas peinlich berührt oder zurückhaltend. Ein Zeichen dafür, dass sie anscheinend nicht oft ein Kompliment bekommen.

Das ist sehr schade. Umso schöner, wenn Sie der Mensch sind, der die Komplimente ausspricht :-)

Handle so einfach wie möglich

Je einfacher die Methode, umso mehr Misstrauen begegnet ihr. Gleichzeitig wollen die meisten Menschen es so einfach wie möglich. Ein sehr interessanter Widerspruch.

Es ist schlicht falsch, dass große Veränderungsprozesse komplizierter und komplexer Methoden bedürfen. Entscheiden Sie sich für die Methode, die für Sie am einfachsten, schnellsten und wirkungsvollsten funktioniert.

Mein Tipp, um etwas anzuwenden, ist simpel. Was auch immer Sie verwenden für Ihren persönlichen Veränderungsvorgang sollte drei Merkmale mit sich bringen.

- Es sollte einfach zu verstehen sein.
- Es sollte sofort umsetzbar sein.
- Es sollte funktionieren.

Natürlich dauern manche Dinge etwas länger. Mit länger meine ich hier allerdings höchstens Wochen, nicht Jahre.

Eine Sache allerdings möchte ich noch dagegen steuern. Viele Menschen glauben, dass wenn sie etwas Neues versuchen, es sofort funktionieren müsse - und natürlich auch gleich perfekt. Das ist eine völlig überzogene Erwartungshaltung, die garantiert nur für Frust und Enttäuschung sorgen wird.

Zur Einfachheit gehört z.B., dass Sie einfach beginnen. Obwohl es eben noch nicht perfekt ist bzw. der perfekte Zeitpunkt. Warten Sie am besten niemals auf diesen, er wird nicht kommen. Überhaupt Rahmenbedingungen... Sie kennen sicherlich die Situation, in der Sie etwas Wichtiges erledigen müssten (z.B. für eine Prüfung lernen) und es stets weiter aufschieben weil „etwas noch nicht richtig passt".

Und so beginnen Sie Ihren Arbeitsplatz aufzuräumen, sich ein Getränk zu holen, Ihre Materialien zu überprüfen usw. Die eigentliche Arbeit jedoch rückt immer weiter nach hinten im Zeitfenster.

Beginnen Sie einfach. Da wo Sie jetzt gerade sind. Ohne zu lange darüber nachzudenken. Verbessern und nachjustieren können Sie immer noch im Laufe des Prozesses.

Behalten Sie stets die Frage im Hinterkopf, ob es nicht noch einfacher gehen könnte (ohne faul zu sein natürlich).

Sieh der Realität ins Auge - ungeschönt

Ich habe im Internet einmal eine Auflistung gefunden (leider ohne Quellenangabe), die die unweigerlichen Dinge aufzählte, die der Weg zum Erfolg so mit sich brächte.

1. Sie werden Schmerz spüren
2. Sie werden weinen, bevor Sie ankommen
3. Sie werden Ihre Freunde verlieren
4. Ihre Familie wird Sie entmutigen
5. Menschen werden Sie ohne Grund nicht mögen
6. Sie werden sich hunderte Male versuchen davon zu überzeugen auszusteigen
7. Sie werden tausende Male an sich selbst zweifeln
8. Sie werden glauben, dass Sie durchdrehen
9. Sie werden merkwürdige Gewohnheiten entwickeln
10. Sie werden Geld verlieren
11. **Das wird es wert sein**

Wie gesagt, ich kenne die Quelle leider nicht. Und auch wenn nicht alles auf einmal eintreten muss, so kann doch vieles zutreffen.

Lassen Sie sich von Rückschlägen nicht ermutigen. Sehen Sie der Realität ins Auge. Diese besagt, dass es automatisch Rückschläge geben wird. Ich persönlich habe noch nicht davon gehört, dass jemand auf dem Weg zu seinem Ziel nicht die eine oder andere Schwierigkeit gehabt hätte.

Und darauf kommt es an. Sehen Sie den Fakten, der Wahrheit ins Gesicht. Malen Sie nichts schön und bleiben Sie trotzdem am Ball.

Es ist z.T. ein schmaler Grat. Auf der einen Seite den Glauben an das Ziel und den eingeschlagenen Weg behalten und gleichzeitig die Wahrheit nicht aus den Augen zu verlieren.

Natürlich kann es sein, dass Sie erkennen, dass Ihr geplantes Ziel nichts ist und Sie es vielleicht doch nicht so sehr wollen. In dem Fall: Ändern Sie es.

Die Auseinandersetzung damit, dass es Zeiten geben wird (unweigerlich), in denen es ganz einfach nicht so läuft wie Sie sich das vorstellen, ist wichtig. Sie hilft Ihnen in den entscheidenden Momenten kühlen Kopf zu bewahren.

Es gibt IMMER einen Grund zu lachen

Finden Sie diesen Grund.

Wenn wir mal ehrlich sind, können wir von Glück reden überhaupt hier zu sein. Jemand hat einmal zu mir gesagt: *Wir sind keine lange Zeit hier, wir sind hier, um Spaß zu haben.*

Es gibt so viele Gründe, die es jetzt gerade gibt, warum Sie lachen können. Lachen, weil es lustig ist oder schon ironisch. Lachen, weil weinen an dieser Stelle einfach viel schmerzhafter ist. Lachen, weil es schon wirklich komisch ist, was einem so alles passiert.

Es gibt kaum eine andere Art der Körpersprache, die nur Positives transportiert. Wenn Sie lachen, sind Sie entspannter. Ein guter Zustand für schwierige Situationen. Wenn Sie lachen, haben Sie ganz einfach mehr Spaß. Der sollte im Leben nie zu kurz kommen.

Es gibt sogar verschiedene Möglichkeiten zu lachen. Sie denken an etwas aus der Vergangenheit, das Sie zum Lachen gebracht hat. Etwas aus Ihrem eigenen Leben. Das heißt nicht, dass es Sie zwingend selbst betraf. Es reicht, wenn Sie dabeigewesen sind.

Sie können an einen Film, ein Theaterstück, eine andere Art von Vorführung oder was auch immer denken, wo Sie das letzte Mal so richtig herzhaft gelacht haben. Allein die intensive Vorstellung daran wird für einen heiteren Moment sorgen.

Ein Lächeln ist die kürzeste Verbindung zwischen zwei Menschen, sagt man. Das Besondere am Lachen ist, dass Sie selbst sofort etwas spüren, wenn Sie es tun. Nutzen diese Tatsache für sich aus.

Haben Sie regelmäßig mit Menschen Kontakt, die Sie zum Lachen bringen. Es ist meist ein wirklich guter und lockerer Zeitvertreib, der unbeschwert ist und es Ihnen ermöglicht, einmal ein wenig vom Alltag wegzukommen.

Ein weiteres schönes Sprichwort:
Lache. Dir gehören nicht alle Probleme dieser Welt.

80/20

Sie haben vielleicht schon einmal vom Pareto-Prinzip gehört oder der 80/20-Regel.

Diese besagt, dass 80 % der Ergebnisse in 20 % der Gesamtzeit eines Projekts erreicht werden. Die verbleibenden 20 % der Ergebnisse benötigen 80 % der Gesamtzeit und verursachen die meiste Arbeit (Quelle: Wikipedia).

Ich selbst habe von diesem Prinzip gehört und die tatsächliche Wirkung eine zu lange Zeit vernachlässigt. In einem Online-Business-Trainingsprogramm begegnete es mir wieder und seither hat es eine völlig neue Bedeutung für mich.

Hier sind ein paar Beispiele, die Ihnen zeigen können, WIE sehr dieses Prinzip wahrscheinlich auch in Ihrem Leben stattfindet.

Ein paar Behauptungen:
- Zu 80% der Zeit tragen Sie ca. 20% der Kleidungsstücke aus Ihrem Schrank
- In 20% Ihrer Arbeitszeit schaffen Sie 80% der anfallenden Aufgaben
- In 80% Krankheitsfällen haben Sie 20% der bisher angefallenen Krankheiten

Diese Spielchen könnte man ewig fortsetzen, es ist wirklich faszinierend in wie vielen Situationen des Lebens dieses Prinzip Anwendung findet.

Hier geht es um Ihre persönliche Veränderung. Also sollten wir die 80/20-Regel auch unter diesem Aspekt beleuchten.

- 80% Ihrer gewünschten Veränderung schaffen Sie mit 20% "Werkzeugen"
- 80% Resultat schaffen Sie mit nur 20% Fokus auf bestimmte Themen
- 80% Ihrer Herausforderungen werden durch 20% Ihres Lebens verursacht

Ihre Aufgabe besteht darin, dieses Prinzip ständig im Hinterkopf zu haben und es sich zunutze zu machen.

Wenn Sie für sich diesen "Code" einmal knacken, sind Sie mit einem Schlag um ein Vielfaches effektiver und somit auch schneller am Ziel.

Dazu müssen Sie sich selbst nur beobachten. Mit einer kleinen schriftlichen Dokumentation funktioniert dies am Besten. Diese kleine Übung birgt nicht selten große Überraschungen. Auch die Beobachtung anderer ist unter Berücksichtigung des Pareto-Prinzips mehr als nur ein interessanter Zeitvertreib.

Du wirst niemals ankommen

Wir sprechen über Veränderung und Prozesse. Über Wege, die es zu beschreiten gilt. Und doch, harte Wahrheit, Sie werden niemals ankommen.

Dies ist nicht negativ. Es beschreibt lediglich den ganz natürlichen Vorgang des ständigen Veränderungsprozesses. Es gibt stets mehr zu entdecken, verändern oder optimieren.

Dies ist ein Grund, warum Menschen aller Altersklassen die Vorzüge der jeweiligen Dekade, in der Sie sich befinden, herausstellen. Jeder Abschnitt hat seinen eigenen Reiz und seine eigenen Herausforderungen.

Wie heißt es so schön: Der Weg ist das Ziel!

Natürlich haben Sie hier ein Ziel, dem Sie nachgehen und welches Sie erreichen wollen. Haben Sie diese Stufe erreicht, ergibt sich sogleich ein neues Ziel, ein neuer Schritt. Und sobald Sie dieses Ziel festgelegt haben, entstehen neue Herausforderungen. Und so beginnt der Zyklus von vorn.

Menschen, die diesen Fakt ganz einfach annehmen, leben bewusster und (so möchte man meinen) glücklicher. Sie machen sich nicht fertig, weil sie wissen, dass nichts immer nur an einem einzigen Ziel hängt. Sie begreifen, dass alles ein ständiger, sich verändernder, Prozess ist.

Bei jeder kleinen Entdeckungsreise werden Sie etwas Wertvolles für sich selbst mitnehmen. Erfahrungen und Erkenntnisse, die Ihnen für die Zukunft hilfreich sind.

Das Wichtigste bei diesem kleinen Prinzip ist im Grunde genommen „nur" die Erkenntnis, dass es kein endgültiges Ziel geben wird und kann.

In der Natur gibt es nur zwei Richtungen: Fortschritt (Leben, Veränderung, Wachstum) oder Rückschritt (Stillstand, Degeneration, Tod). Wenn ein Organismus nicht mehr wächst, so ist er dabei zu sterben. Dies gilt bei allen lebenden Organismen, ob Mensch, Tier oder Pflanze.

Deshalb ist Stillstand auch so „gefährlich".
In Wahrheit ist es der erste kleine Rückschritt.

Gehen Sie vorwärts und genießen Sie die Reise.

Spiele um zu gewinnen

Dabei sein ist alles. Das gilt bei den olympischen Spielen vielleicht für die meisten Athleten.

Hier jedoch geht es um persönliche Veränderung und Weiterentwicklung.
IHRE Weiterentwicklung.

Wie Sie an diese Sache herangehen entscheidet sofort zu einem großen Teil, welche Erfolgschancen Sie haben, den Veränderungsprozess auch erfolgreich zu meistern.

Gehen Sie mit einer *Schauen-wir-mal* Einstellung an die Sache, ist die Chance hoch, dass Sie auch genauso ein Resultat erzielen. Nichts Halbes und nichts Ganzes.

Gehen Sie stattdessen mit einer positiven Erwartungshaltung an diese Aufgaben. Gehen Sie davon aus, dass Sie erfolgreich sein werden. Spielen Sie dieses Spiel nicht aus Spaß, sondern um zu gewinnen!

In Gesprächen können Sie immer wieder beobachten (es spielt dabei keine Rolle, ob dies im privaten Umfeld so ist oder im Beruf), dass Menschen sich sehr kleine oder gar keine Ziele setzen, um ja nicht enttäuscht zu werden.

Nun, einfach gesagt: Es gehört zum Leben dazu! Punkt!

Enttäuschungen wird es immer wieder geben, egal wie alt man ist und egal was man tut.

Diese Menschen (ohne Erwartungen) und mit der Hoffnung, dass alles gut geht, erreichen Ihre Ziele so gut wie nie. Auf dem Weg zum Ziel tauchen Hürden auf. Spielen Sie nur um zu spielen, haben Sie vielleicht keine Lust auf diese Hürden.

Spielen Sie aber, weil Sie gewinnen wollen, dann packen Sie die Herausforderung an. Dann besteht sofort die Chance auf Erfolg im Veränderungsprozess.

Dein Körper ist dein Tempel - Behandle ihn auch so

Bei all den Veränderungsprozessen und -techniken, über die wir bis hierhin gesprochen haben, besteht eine Gemeinsamkeit: Sie benötigen Energie, um sie zu absolvieren!

Für alle Techniken und Interventionen dieser Art benötigen Sie Energie.
Im Grunde genommen benötigen Sie für ALLES Energie!

In Deutschland ist über die Hälfte der Bevölkerung (Männer wie Frauen) übergewichtig. Ca. 1/4 der Menschen raucht und zahlreiche Menschen ernähren sich ungesund (achten Sie einfach mal auf die Inhalte der Einkaufswagen im Supermarkt).

Sie benötigen für alles in Ihrem Leben einen fitten Körper. Für körperliche Aktivitäten (Treppen steigen, Hausputz, Fußwege etc.) aber auch für geistige (Konzentration, Aufmerksamkeit, Gedächtnis etc.).

Es lohnt sich für Sie einfach nicht, wenn Sie sich mit einer menschlichen Veränderung befassen und gleichzeitig damit beschäftigt sind, auf Ihren Körper zu hören, nur weil der mal wieder streikt oder Ihnen das Leben schwer macht.

Der Vorgang ist denkbar einfach und jedes Kind kennt ihn. Sie nehmen Nahrung und Getränke auf und greifen auf Ihren Körper zu, wenn Sie ihn brauchen. Ein Körper, der aber nur Fast Food, Tiefkühlpizza und Süßigkeiten als „Treibstoff" erhält, kann unmöglich abgehen wie ein Sportwagen.

Sie können nicht Sch... zu sich nehmen und dann erwarten Diamanten zu produzieren.

Es geht hier nicht darum, ohne Genuss zu leben und auf alles zu verzichten. Alles in Grenzen und Maßen und grundsätzlich gesund ernähren. Sie wissen was gut ist und was nicht. Niemand muss ein Ernährungsexperte sein, um sich gesund zu ernähren. Jeder weiß, dass Obst und Gemüse gesund sind und fettiges Essen und Süßigkeiten eher nicht so. Dass Cola nicht so gesund ist wie Wasser ist auch bekannt.

Halten Sie sich an das was Sie bereits wissen und leben Sie überwiegend gesund. Ihr Körper wird es Ihnen danken und Sie im Gegenzug nicht im Stich lassen.

Der Ritt in den Sonnenuntergang - Das ideale Szenario

„Jede Reise beginnt mit dem ersten Schritt." **Lao Tze**

Kennen Sie die alten Comics oder Zeichentrickfilmen von Lucky Luke, dem Cowboy, der schneller zieht als sein Schatten?
Sollten Sie jemals ein Heft in den Händen gehabt haben, dann wissen Sie, dass das letzte Bild unten rechts stets dasselbe ist.

Nach einem erfolgreich absolvierten Abenteuer reitet Lucky Luke dem Sonnenuntergang entgegen und trällert sein Lied. Ein typischen Happy End, welches in vielen Varianten in Filmen, Serien und Büchern umgesetzt wurde und wird.

Dieser letzte Teil geht in diese Richtung. Ich möchte Sie hier mit Hilfe eines kleinen Leitfadens unterstützen ein möglichst klares Bild zu zeichnen und ein ideales Szenario zu schaffen für Ihren „Ritt in den Sonnenuntergang".

In zahlreichen Büchern, Seminaren, Workshops usw. geht es um das Erreichen von Zielen, glücklich werden usw. Und so viele Leute haben DIE Antwort darauf. Dies möchte ich Ihnen gar nicht erst vorgaukeln. Es geht hier in diesem gesamten Buch um einen Prozess der laufend stattfindet und der Ihnen helfen soll ein möglichst klares Bild von sich zu haben, von Ihrem idealen Szenario und von den Schritten, die Sie unternehmen können oder müssen, um dorthin zu kommen. Das Ganze möglichst einfach, wirkungsvoll und effizient.

Ich garantiere Ihnen hier NICHT, dass Sie definitiv alles erreichen werden und können usw. Genauso wenig male ich Ihnen ein Bild von Ihrer rosigen Zukunft. SIE sollen dieses Bild malen. Ich gebe Ihnen ein paar Fragen und Gedankenspiele mit auf den Weg, die ich im Laufe der Jahre selbst erfahren und bearbeitet habe. Fragen, die mir geholfen haben und den Menschen, die sich damit beschäftig haben.

Fast alle steigen an dieser Stelle aus

Dieser letzte Teil ist eine Anleitung, die ich mit einigen Menschen per Email gemacht habe. Ich habe Ihnen die Bedingung mit auf den Weg gegeben: *Es sind einige Fragen, die, wenn du sie beantwortest, dir relativ schnell klar machen welche Schritte du gehen musst oder zumindest was es ist was du möchtest und was nicht. Die einzige Bedingung: Du beantwortest eine Frage und gibst mir Bescheid. Erst dann erhälst du die zweite Frage usw.*

Obwohl diese Menschen von sich aus kamen und Hilfe wollten und es einfach war, stiegen über 80% vor der vierten Frage aus!
Für mich unverständlich, da die Resultate wirklich augenöffnend sein können.

Wenn Sie das meiste aus diesen Fragen ziehen möchten, dann nehmen Sie sich etwas Zeit dafür. Sie müssen nicht alle in einem Stück beantworten und natürlich soll das ganze Spaß machen. Im Grunde genommen ist es wie eine kleine Entdeckungsreise zu sich selbst.

Ich selbst führe diesen Prozess, wenn möglich, einmal im Jahr durch. Ständig verändern sich Situationen und Umstände, auch Wünsche, Ziele und Sehnsüchte. Durch diese kleine Reise bleibe ich in der Spur und erinnere mich selbst immer wieder an das Was, das Warum und das Wie.

Ich empfehle Ihnen diese Fragen schriftlich zu beantworten, Sie haben pro Frage eine Seite dafür in diesem Buch. Sollte das nicht ausreichen (was ich natürlich hoffe), dann schreiben Sie die Antworten all dieser Fragen separat auf einen Block, in ein Notizbuch oder so etwas.

Viel Spaß und los gehts.

Frage 1
„Was waren meine Kindheitsträume (als ich 10 Jahre alt war)?"
„Was oder wer wollte ich sein?"

Wir beginnen sehr weit am Anfang Ihrer Reise.
Wir beginnen als Sie Wünsche und Träume hatten, die nicht von der Arbeitswelt beeinflusst wurden und als es wirklich Wünsche und Träume ohne Grenzen waren.

Als Kind haben wir unschuldige und große Träume. Träume von denen wir vielleicht anderen nicht erzählen. Träume, an die wir glauben und die das Wesen unseres Inneren hervorragend beschreiben. Lassen Sie Ihren Erinnerungen freien Lauf.

Frage 2
„Was waren meine glücklichsten und erfüllendsten Momente im Leben?"

Gehen Sie wirklich in Ruhe durch. Erinnern Sie sich an die großen Momente. Berücksichtigen Sie verschiedene Lebensbereiche (Familie, Beruf, Gesundheit, Sport, Hobby, Freunde, Persönliches usw.) und schreiben Sie auf was Sie mögen. Sie können natürlich mehr als nur einen Moment aufschreiben.

Wichtig ist, dass Sie das Gefühl richtig greifen können und zu sich selbst sagen: *Ja, das war es. Dieser Moment war so voller Glück und Erfüllung. Wenn ich daran denke, muss ich lächeln.*

Frage 3
„Welche Aktivitäten haben mir im Beruf die größte Freude bereitet?"

Also Variante der zweiten Frage beziehen Sie sich hier ausschließlich auf berufliche Momente. Dabei spielt es auch keine Rolle, welcher Beruf es war, wie lange Sie ihn ausgeübt haben oder mit wem Sie zusammengearbeitet haben. Es geht um die Kombination dieses Glücksgefühls und Ihrem Job.

Frage 4
„Was mache ich für mein Leben gerne (privat)?"

Oder anders gesagt: Was bereitet Ihnen im Leben die größte Freude, worin gehen Sie auf? Bei welchen Aktivitäten müssen Sie keine zwei mal überlegen, ob Sie es tun wollen oder nicht. Die Aktivitäten, um die es hier geht heben sich deutlich von anderen ab und machen das Lachen in Ihrem Gesicht noch größer als andere Aktivitäten.

Frage 5
„Was sind meine größten Talente, Stärken und Fähigkeiten?"

Stellt man diese Frage anderen Menschen, können die meisten keine 5 Dinge aufzählen. Nicht, dass diese Stärken, Talente und Fähigkeiten nicht da wären - aber es ist den meisten häufig unangenehm darüber zu sprechen. Warum eigentlich? Auf unsere Fehler und Unzulänglichkeiten werden wir unser Leben lang hingewiesen, es beginnt schon in der Schule mir Korrekturen von Klausuren und Hausaufgaben (alle rot...). Für das Erreichen Ihrer Ziele und Visionen ist es nicht förderlich die positiven Aspekte außen vor zu lassen.

Listen Sie Ihre Stärken, Talente und Fähigkeiten auf. Sie sind es, die Sie von anderen angenehm abheben und Ihr Potential zum vollen Vorschein bringen.

Frage 6
„Was ist die wichtigste Sache, die ich in meiner Karriere gern erreichen möchte?"

Klar, wir werden ständig mit Zielen und Deadlines konfrontiert. Dabei geht, gerade im Angestelltenverhältnis, die Frage nach den eigenen Zielen häufig ein wenig unter. Was ist es was SIE erreichen wollen. Und diesmal geht der Blick tatsächlich über die gesamte Karriere, Ihr komplettes Berufsleben. Was ist es, das Ihr Herz höher schlagen lässt? Bei welcher Vorstellung würden Sie auch Montags ohne lange zu überlegen aus dem Bett springen, einfach weil es DAS Ziel ist auf das Sie hinarbeiten?

Frage 7
„Was ist die wichtigste Sache, die ich in meinem (Privat-)Leben gern erreichen möchte?"

Das Pendant zur vorherigen Frage. Bitte achten Sie darauf, auch wenn Ihnen vielleicht Ihr Job alles gibt, dass die Antwort hier keine Dinge umfasst, die den Beruf angehen. Egal wie die Ihre zeitliche Verteilung jeden Tag ist und wie sehr Sie vielleicht an Ihrem Beruf (Ihrer Berufung?) hängen. Hier geht es um alles was nicht die Arbeit betrifft. Dies kann Familienplanung, Reisen, Hobbys, Haus und Garten, materielle Dinge und, und, und sein.

Wenn Sie wissen wer oder was Sie sein wollen, was Sie besitzen möchten und womit Sie Ihre Zeit verbringen wollen, dann ergeben sich u.a. folgende Dinge ganz automatisch: Prioritäten, Interessen, Zeitmanagement, Sinn, Entscheidungskriterien und noch so einiges mehr.

Die meisten Menschen scheinen sich selbst nicht wirklich zu kennen. Der einfache Grund dafür liegt darin, dass sie sich nicht genügend mit sich selbst befassen. Dabei ist dies nicht wirklich schwer. Die (traurige) Wahrheit ist, dass sich sehr viele Personen lieber mit Dingen beschäftigen wie Fernsehen, Essen oder nichts tun. Natürlich trifft dies nicht auf alle zu.

Der nächste Teil umfasst drei große Bereiche. Aus diesen Bereichen ziehen die meisten Menschen die größten Aha-Effekte und die größten Momente der Klarheit wenn es um sie selbst geht. Es geht um Sein, Haben und Tun. Mit Hilfe einfacher Fragen kann man eine Menge über sich selbst herausfinden und dementsprechend alles andere davon ableiten.

Die ersten sieben Fragen sind eine Vorbereitung für die folgenden Fragen. Nehmen Sie sich wieder etwas Zeit dafür und seien Sie so kreativ, intensiv und verrückt wie Sie sein möchten. Es ist keine Prüfung, die hier abgelegt wird o.ä. Sie gehen auf eine tolle Entdeckungsreise über sich selbst.

SEIN

Zähle all die Charaktereigenschaften auf, die Du in anderen Menschen bewunderst

Zähle all die Charaktereigenschaften auf, die Du in anderen Menschen ablehnst

Schreibe all die Eigenschaften auf zu denen Du dich verpflichtest

Die ersten beiden Fragen helfen hierbei und die Antworten können natürlich verwendet werden, um hier eine Folgerung zu erhalten.

TUN

Zähle all die Dinge auf, die Du in deinem Leben TUN möchtest

HABEN

Zähle all die Dinge auf, die Du in deinem Leben HABEN möchtest

Diese drei Fragen bilden das Herzstück dieser Entdeckungsreise. Versuchen Sie, wenn möglich sie immer ein wenig im Hinterkopf zu behalten. Letztlich machen die Antworten darauf aus warum Sie was, wann, mit wem, wo und wie tun.

An dieser Stelle dürfte schon das ein oder andere Schmunzeln oder auch die ein oder andere nachdenkliche Falte über Ihr Gesicht gehuscht sein. Sehr gut! Übrigens empfehle ich Ihnen an dieser Stelle ein Buch, welches sich mit diesem Thema auf eine sehr schöne Art und Weise befasst und welches man immer wieder lesen kann. Ich selbst habe es schon mehrere Male gelesen und es bereitet mir immer wieder Freude.

Jedes mal finde ich aufs Neue Antworten und Herausforderungen und ich weiß, dass ich dieses Buch wieder lesen werde. Egal ob als Buch oder als Hörbuch. Dieses Buch heißt „*Der Alchimist*" von Paolo Coelho.

Die Reise geht weiter...

Frage 8
„Welche eine Frage hat mich mein gesamtes Leben über begleitet oder sogar geführt?"

Eine Frage, die auf den ersten Blick nicht so leicht scheint. Häufig sind es verschiedene Fragen zu verschiedenen Zeitpunkten, die uns beschäftigen. Sie können, um der Antwort näher zu kommen, alle Fragen aufschreiben, die Sie sich während verschiedener Lebensabschnitte gefragt haben. Sehen Sie sich dann alle Fragen an und versuchen eine übergeordnete Leitlinie oder ein Thema zu finden, das all diese Fragen mit beinhaltet.

Sollten Sie überhaupt keine Fragen haben, so können Sie die verschiedenen Lebensabschnitte normal durchgehen und die zweite Variante wählen und die Frage hypothetisch beantworten.

Frage 9
„Wie kann ich meiner Umwelt / der Welt am besten einen Beitrag leisten?"

Bei der Frage nach einem höheren Sinn geht es meist um einen Beitrag, den wir leisten können. Dieser Beitrag kann andere Menschen mit einbeziehen oder gleich die ganze Welt. Bei der Beantwortung dieser Frage steht mit im Vordergrund was Sie der Welt hinterlassen - eine Hinterlassenschaft. Dies muss nicht ein milliardenschwerer Konzern sein o.ä. Es geht nicht um die Größe oder gar materielle Werte. Es geht einfach um Ihren ganz persönlichen Beitrag.

Frage 10
„Was sollen andere Menschen über mich sagen?"

Ja, was andere sagen ist nicht wichtig. Es ist ein Gedankenspiel.
In Seminaren oder Gesprächen habe ich hierfür immer folgendes Szenario gewählt. Stellen Sie sich vor bei Ihrer Beerdigung sprechen drei verschiedene Menschen, die Sie gekannt haben. Diese drei Menschen kommen aus verschiedenen Bereichen - Familie, Beruf, Gemeinde - und basieren ihre Aussagen aus der Art und Weise wie sie Sie gekannt haben.

Es geht nicht darum, was diese Menschen sagen würden, gemessen an dem wie sie Sie kannten. Sondern darum was SIE möchten, was diese Menschen über Sie sagen sollen.

Die Idee dahinter ist Folgende: Wenn Sie sich in diese Richtung Gedanken machen, können Sie überlegen ob diese Menschen diese Aussagen bereits so treffen würden oder nicht. Und falls nicht, nun, es gibt Ihnen eine Richtung vor wie Sie sich in Zukunft vielleicht gegenüber den Menschen in Ihrem Umfeld verhalten möchten oder dieses Verhalten ändern.

PERSÖNLICHER BEREICH (Familie, Freunde, Bekannte)
Welche Person „spricht":
Aussage:

BERUFLICHER BEREICH (Vorgesetzte, Kollegen, Angestellte, Partner, Kunden etc.)
Welche Person „spricht":
Aussage:

GEMEINSCHAFTLICHER BEREICH (Soziales Umfeld)
Welche Person „spricht":
Aussage:

An dieser Stelle sollten Sie so einige spannende Antworten über sich selbst erhalten haben. Wie bereits angesprochen, empfehle ich Ihnen diese Fragen sogar einmal im Jahr für sich zu beantworten. Der Prozess ist wirklich spannend. Sie können sich diese Fragen auch nur für einen bestimmten Bereich im Leben nehmen und beantworten. Aus persönlicher und der Erfahrung andere weiß ich, dass es einen erheblich Nutzen bringen kann.

Als weitere Hilfestellung in diesem Bereich habe ich hier noch eine Reihe von Fragen, die Ihnen dabei helfen können einen „idealen" Tag zu gestalten. Es geht hier nicht darum einen Tag wie Sie ihn nur einmal erleben zu gestalten. Es geht um die Gestaltung des idealen Tages, den Sie JEDEN Tag leben.

Es geht hierbei nicht darum einen Tag perfekt durchzuplanen. Es geht darum ein Bild davon zu bekommen was Sie wirklich wollen und wo Sie im Vergleich dazu heute stehen. Einige Dinge sind wahrscheinlich schon so wie Sie sie haben wollen, andere nicht. Welche sind das? Und was sind die nächsten Schritte, um auch in diesen Bereichen den idealen Alltag zu kreieren?

Mein idealer Alltag
...von Morgens bis Abends

1. Wo lebe ich?
2. Wie sieht mein Haus / meine Wohnung aus?
3. Um wie viel Uhr stehe ich auf?
4. Was mache ich am Morgen?
5. Was frühstücke ich?

6. Womit verbringe ich die erste Hälfte des Tages?
7. Was esse ich zum Mittag?
8. Mit wem esse ich zusammen?
9. Wie sind Freunde charakterlich?
10. Worüber spreche ich mit meinen Freunden?

11. Was mache ich für meine persönliche Erfüllung?
12. Welchen Lebenszweck verfolge ich?
13. Wie sieht mein Geschäft / mein Beruf aus?
14. Wann beginnt meine Arbeit?

15. Wie sieht meine wirkliche Tätigkeit bei der Arbeit aus?

16. Wer und wie sind meine Kunden?
17. Wie ist meine Beziehung?
18. Was mache ich während meiner Familienzeit?
19. Was esse ich zu Abend?
20. Mit wem esse ich zu Abend?

21. Worüber spreche ich am Abend?
22. Was mache ich am Abend / in der Nacht?
23. Mit wem verbringe ich den Abend?
24. Mit welchen Gedanken gehe ich ins Bett?
25. Wie viele Stunden schlafe ich oder will ich schlafen?

26. Was mache ich täglich nur so zum Spaß?
27. Welche Bücher / Zeitschriften / Magazine lese ich?
28. Welche Seiten rufe ich mir im Internet regelmäßig auf?
29. Mit wem spreche ich am meisten?
30. Wie erhole ich mich während des Tages?

Mit diesem gesamten Abschnitt haben Sie die Möglichkeit immer wieder mal zu schauen welche Frage Ihnen in welchem Bereich am meisten weiterhilft. Natürlich können Sie die Fragen um eigene Ideen erweitern. Zusammen mit anderen Inhalten aus diesem Buch (Ziele, Werte) können Sie sich so einen wunderbaren Kompass schaffen, der Ihnen hilft die eigene Richtung vorzugeben.

Ein wichtiger Gedanke zum Ende

„Why so serious?" **Heath Ledger als der Joker in Batman**

Sie haben in diesem Buch eine ganze Reihe von Informationen, Prozessen und Möglichkeiten erhalten Veränderungen in Ihrem Leben durchzuführen. Der Vorgang an sich ist nicht schwer oder gar kompliziert. Die Arbeit mit dem Kopf ist technisch gesehen die leichteste. In der Realität ist es natürlich mitunter auch die schwerste...

Ich sage anderen in 1:1 Situationen oder auch in Seminaren häufig: *„Wenn Sie etwas wirklich verändern möchten, dann habe ich eine gute und eine schlechte Nachricht für Sie. Die gute Nachricht: Sie können alles nur mit Ihrem Kopf verändern. Die schlechte Nachricht: Sie müssen alles mit Ihrem Kopf verändern."*

Wie Sie es letztlich sehen liegt ganz bei Ihnen.

Wichtig ist am Ende noch eine Sache, die bei aller Konzentration auf Veränderung, Verbesserung und Optimierung des eigenen Selbst manchmal außer acht gerät. Deshalb ist es umso wichtiger wirklich daran zu denken und sich zu erinnern.

Nehmen Sie sich selbst nicht so ernst!

Das ist es. Wird man überehrgeizig (egal in welchem Bereich) verkrampft man. Und in einem verkrampften Zustand ist es ungleich schwerer, wenn nicht unmöglich, eine Veränderung zum Positiven durchführen.

Zum Abschluss noch eine kleine Übersicht, die ich einmal im Internet gefunden habe und die ein schöner Begleiter für das Leben ist.

DENKE positiv.
TRAINIERE täglich.
ISS gesund.
ARBEITE hart.
BLEIBE stark.
SORGE dich weniger.
TANZE mehr.
LIEBE oft.
SEI glücklich.

Viel Erfolg,
herzlichst,
Ihr Heiko

„Wünsche dir nicht es wäre einfacher. Wünsche dir du wärst besser."
Jim Rohn

Der Anfang...

Impressum & Hinweise

Heiko Schwardtmann
Friedbergstr. 32
14057 Berlin
DEUTSCHLAND
Email: info(at)coachingeffect.de
USt-ID-Nr.: DE204043497

Für alle mittels Querverweis (Link) verbundenen Webinhalte übernimmt der Anbieter keine Verantwortung, da es sich hierbei nicht um eigene Inhalte handelt. Die verlinkten Seiten wurden auf rechtswidrige Inhalte überprüft, zum Zeitpunkt der Verlinkung waren solche nicht erkennbar. Verantwortlich für den Inhalt der verlinkten Seiten ist deren Betreiber. Der Anbieter hat hierzu keine allgemeine Überwachungs- und Prüfungspflicht. Bei Bekanntwerden einer Rechtsverletzung wird der entsprechende Link jedoch umgehend entfernt.

Ich übernehme keinerlei Verantwortung dafür wie Sie die in diesem Buch vorgestellten Informationen, Techniken, Interventionen, Strategien und Übungen anwenden. Die hier beschriebenen Inhalte können Sie sehr gut unterstützen. Sie sind sich darüber im Klaren, dass Sie die Inhalte dieses Buches in eigenverantwortlicher Weise und nach Ihrem eigenen Ermessen anwenden.

Ich übernehme für Ihre Erfahrungen, Handlungen und Resultate keine Verantwortung.

Die Verwendung der Informationen in diesem Buch variiert abhängig von Ihren Umständen, Ihren zeitlichen Investitionen und der generellen Anwendung. Basierend auf diesen Faktoren ist es natürlich möglich, dass Sie kleine oder gar keine Ergebnisse erzielen. Ich garantiere selbstredend keine finanzielle Verbesserung, Geschäftsverbesserung oder insgesamt persönliche Verbesserung. Alles was Sie aufgrund der Informationen in diesem Buch unternehmen liegt zu 100% in Ihrer Verantwortung!

31385108R00125

Printed in Poland
by Amazon Fulfillment
Poland Sp. z o.o., Wrocław